One Planet,
Many Worlds

하나의 행성,
서로 다른 세계

하나의 행성, 서로 다른 세계
기후 위기에 직면한 우리의 자세

초판 1쇄 인쇄일 2024년 5월 17일 **초판 1쇄 발행일** 2024년 5월 24일

지은이 디페시 차크라바르티 | **옮긴이** 이신철
펴낸이 박재환 | **편집** 유은재 신기원 | **마케팅** 박용민 | **관리** 조영란
펴낸곳 에코리브르 | **주소** 서울시 마포구 동교로15길 34 3층(04003) | **전화** 702-2530 | **팩스** 702-2532
이메일 ecolivres@hanmail.net | **블로그** http://blog.naver.com/ecolivres
출판등록 2001년 5월 7일 제201-10-2147호
종이 세종페이퍼 | **인쇄·제본** 상지사 P&B

ISBN **978-89-6263-275-0 93900**

책값은 뒤표지에 있습니다. **잘못된 책은 구입한 곳에서 바꿔드립니다.**

하나의 행성, 서로 다른 세계

기후 위기에 직면한
우리의 자세

디페시 차크라바르티 지음 | 이신철 옮김

에코리브르

브뤼노 라투르를 추모하며

프랑수아 아르토그와 에티엔 발리바르에 대한 우정과 존경을 담아

차례

머리말

2017년 3월, 나는 브랜다이스 대학에서 열린 제5회 연례 만델 인문학 강연에 초청받아 총 세 차례 강연하는 큰 영광을 누렸다. 그때 친절하고 관대한 초청자인 래미 타고프(Ramie Targoff) 교수와 강연에 참석한 재능 있고 열정적인 그 동료들과 함께 강연을 진행하고 토론하면서 매우 즐겁고 고무적인 시간을 보냈다. 하지만 내가 통제할 수 없는 불행한 상황으로 인해 이 강연의 출판이 지연되었고, 결국 나는 강연에서 발표한 내용 가운데 일부를 2021년 3월에 출간된 내 책 《행성 시대 역사의 기후》에 포함했다. 이 사실에 관해서는 그 책에서 밝혔다.

여기에 내놓는 것은 내가 오늘 만델 강연을 한다면 발표하고 싶은 세 개의 장(章)으로 이루어진 새로운 내용이다. 이 내용은 《행성 시대 역사의 기후》를 완성한 이후 내가 몰두해온 연구와 저술에서 발췌한 것이다. 그러나 여전히 (그 책과 마찬가지로) 인간이 초래한 기후변화의 역사적·문화적 의미를 행성적(planetary), 지구적(global), 포스트식민주의적(postcolonial)—그리고 지금은 탈식민적(decolonial)—관점에서 탐구하는 지속적 과제에 대해 말하고 있는 내용이다. 이 책은 《행성 시대 역사의 기후》와 다르긴 하지만, 바로 그 책의 전편이자 속편으로 읽을 수 있다. 나는 이 기회를 이용하여 새로운 물음을 탐구하고 새로운 내용을 제시하며 몇 가지 비판에 대답하고, 이전에 깊이 탐구할 시간이 없었던 몇 가지 물음을 다루었다.

팬데믹 경험은—내 생각에 팬데믹은 인위적 지구온난화 또는 기후변화 현상과 무관하지 않다—분명히 인간 및 비인간과 관련된 문제에 새로운 물음과 관점을 촉발했다. 나는 팬데믹에 대한 논의에서 시작하고자 한다. 그런 다음 《행성 시대 역사의 기후》에서는 그저 언급하는 데 그쳤던 문제, 즉 '자연'사와 '인간'사 분리의 근대적 기원과 그 분리에서 위기에 처한 것이 무엇인지 탐구하는 문제로 넘어가고자 한다. 그 문제와 그에 대한 논의가 2장을 구성한다. 세 번째이자 마지막 장에서는 이 책의 제목이 시사하는 물음을 다룬다. 인류는 서로 다른 세계들을 갖고 있어 하나인 행성을 다루기 어려운 것일까? 물론 많은 사람은 행성이 실제로 하나라는 명제에 의문을 제기할 것이고, 그들 가운데는 내 친구인 크리스토프 보뇌이(Christophe Bonneuil)와 고(故) 브뤼노 라투르(Bruno Latour)도 있다. 라투르는 세 장 모두에 등장한다. 그의 생각은 내가 그에게 동의하지 않는 순간에도 없어서는 안 될 동반자였다. 철학자 데보라 다노스키(Deborah Danowski)와 인류학자 에두아르두 비베이루스 지 카스트루(Eduardo Viveiros de Castro)도 3장에서 나의 주요 대화 상대자들이다. 인간학(anthropology)을 탈식민화하려는 그들의 노력에 비판적으로 참여하면서 나는 그들과 그 밖의 다른 사람들의 생각을, 내가 기후변화를 둘러싼 정치의 전 영역을 관통하는 주요 갈등으로서 바라보는 것, 즉 우리의 하나의 행성과 (살아 있고 살아 있지 않은 다양한 비인간적 존재자들과 얽혀 있는) 우리 인간이 만들고 거주하는 여러 서로 다른 세계와 관계시키고자 한다. 나는 또한 이 여러 세계 자체도 서로 얽혀 있다고 주장한다.

《행성 시대 역사의 기후》와 《하나의 행성, 서로 다른 세계》 사이에는 언급해야 할 한 가지 차이점이 존재한다. 《행성 시대 역사의 기후》는 새로운 철학적 인간학을 도모하려는 시도를 나타내며, 특히 그 책의 마지막 장에서 설명했듯이 카를 야스퍼스(Karl Jaspers)가 사용한 의미에서 '전(前)정치적' 공간에 머물렀다. 《하나의 행성, 서로 다른 세계》는 기후 정치의 행동(하지 않음) 일정을 괴롭히는 주요 문제, 즉 대지 시스템(Earth system) 과학자들은 행성—즉, 대지 시스템—을 하나로 보는 데 반해, 인간들은 정치적으로 하나가 아닌 점을 이해하고자 한다. 이 책이 다루는 것은 바로 이 '하나'와 '여럿'의 문제다.

2022년 10월 10일, 시카고에서

디페시 차크라바르티

서론

행성과 정치적인 것

내가 생각한 이 책의 원래 제목은 '온난화하는 세계에서 유럽을 지방화하기'였다. 2017년 브랜다이스 대학에서 이 주제로 만델 강연을 하기 약 5년 전에 나는 〈포스트식민 연구와 기후변화의 도전〉이라는 논문을 〈뉴 리터러리 히스토리〉 저널에 발표했다.[1] 그 논문 자체는 기후변화에 관한 나의 첫 번째 논문 〈역사의 기후: 네 가지 테제〉(2009)에서 했던 언명, 즉 내가 진행해온 서벌턴(subaltern) 연구, 마르크스주의의 자본 분석, 포스트식민 연구가 지구화(globalization)를 논의하는 데는 적합하지만, 지구온난화(global warming)가 인류에게 나타내는 곤경을 고찰하고자 할 때는 목표에 미치지 못한다는 취지의 언명을 끝까지 추적하는 것이었다.[2] 물론 내가 염두에 둔 것은 우리가 인위적 기후변화 문제를 다루기 위해서는 **행성적** 기후변화 문제를 정의하는 과학적 지식의 학제 간 분야인 대지 시스템 과학(ESS)에 참여할 필요가 있다는 사실이었다. 이러한 참여가 없더라도 우리는 여전히 오늘날 우리가 경험하는 불규칙한 날씨 패턴을 달리 설명할 수는 있겠지만, 행성의 기후 시스템이 **전체로서** 어떻게 작동하는지는 이해할 수 없을 것이다.

그러나 인문학자가 대지 시스템 과학에 참여한다는 것은 무슨 의미일까? 그것은 우리가 사회과학과 인간과학의 기존 분석 도구에 어떻게든 영향을 주지 않고서 단순히 대지 시스템 과학을 그 도구 레퍼토리에 추가한다는 의미일까? 깊은 역사(deep history)—지구생물학적 깊은 시간은 결국 대지 시스템 과학의 사고에 내재한다—와의 만남은 또한 인문학자들이 다루는 '역사'의 얕은 시간을 변화시키거나 그에 도전하지 않을까? 내가 이 물음들을 한 학문 분과로서의 역사학에 제기하고, 나아가 역사가로서 그렇게 하고 있지만, 지리학자 나이절 클라크(Nigel Clark)와 사회학자 브로니슬라프 체르친스키(Bronislaw Szerszynski)는 이미 이 물음을 '사회사상' 일반, 즉 그들이 "사회적인 것을 지질학화하기"라고 기술하는 프로젝트와 관련하여 제기했다. 그들은 우리가 "인류세를 사회화"해야 하며, 마찬가

지로 사회적인 것을 "지질학화"해야 한다고 주장한다.[3]

나의 초기 언명—그리고 특히 〔예를 들어 에드워드 윌슨(Edward O. Wilson)이 사용한 것과 같은〕 '종'이라는 생물학적 범주의 사용—은 모든 인간적/사회적/행성적 문제들의 기원이 사회적·경제적 불평등에 있다고 생각하는 학자들의 매우 적대적인 반응에서부터 이언 보컴(Ian Baucom) 같은 학자들의 좀더 미묘하고 환영하며 관대한—그러나 그럼에도 불구하고 때로는 비판적인—논평에 이르기까지 다양한 반응을 불러일으켰다.[4] 그리고 강연이나 학술회의에서 종종 받는 하나의 물음은 유럽을 지방화하기에 대한 나의 작업과 기후변화에 관한 새로운 작업 사이의 관계에 관한 것이었다. 그 물음은 그 둘 사이의 가능한 연결에 대해 계속해서 생각하게 했다.

2017년 브랜다이스 대학 강연에서 내가 말한 내용은 이러한 비판과 물음을 통해 만들어졌다. 이 책의 논의도 그렇게 만들어졌다. 하지만 지구온난화와 인류세 가설—이 행성이 인간의 영향 덕분에 홀로세(충적세·현세)라는 지질학적 시대의 문턱을 넘어서 인류세라고 명명된 새로운 시대로 접어들었다는 생각—을 이해하는 데서 내가 설정한 문제들을 관통해나가면서 나는 결국 인간주의 사상에 대해 뚜렷하게 상이한 함의를 지닌 범주들로서 '지구(globe)'와 '행성(planet)' 사이의 분석적 구별을 정립하게 되었다. 나는 이 구별이 대지 시스템의 깊은 시간—우리 행성의 역사에서 지질학과 생물학이 상호작용하여 지금 위협받고 있는 생명 유지 시스템을 만들어낸 방식—과 내가 만난 데서 생겨났다고 주장했다. 요컨대 나는 〔철학자 캐서린 말라부(Catherine Malabou)가 말하거나 쓴 몇 가지 언급의 도움을 받아〕 '지구화'라는 표현에서 '지구'와 '지구온난화'의 '지구'는 같은 의미가 아니라고 말했다. '지구화'의 '지구'는 인간과 그들의 교통 및 통신 기술에 의해 기껏해야 500년 전에 탄생한 실체다. 그것은 그 중심에 인간을 두고 인간이 말하는 이야기다. '지구온난화'의 '지구'는 대지 시스템 과학에서 말하는 대지 시스템을 가리킨다. 대지 시스템이란 이 행성에서 지질학적 요인과 생물학적 요인이 결합하여 복잡한 다세포 생명을 뒷받침하는 시스템을 발전시킨 행성 과정을 가리키는 대지 시스템 과학자들의 발견술적 구성물이다. 대지 시스템 이야기도 인간이 하는 이야기지만, 그 중심에 인간을 두지는 않는다. 지질학이나 (진화)생물학 같은 분과들은 인간 중심적일 수 없는데, 왜냐하면 인간은 그 분과들이 들려주는 이야기에서 서사의 중심에 있기에는 너무 늦게 나타나기 때문이다. 이처럼 '대지 시스템 과학(ESS)'의 '대지 시스템'은 결국 내가 지칭했던 '행성'이다.[5] 나는 지구/행성 구별이 전 세계적인 환경 위기의 순간에 가능한 새로운 철학적 인간학의 토대가 될 수 있다고 주장했다.

더 나아가 나는 20세기 후반 자본주의와 과학기술이 추동한 지구화 과정의 강화로 행성적인 것의 영역이 인간주의 사고와 일상 뉴스의 범위 안으로 들어왔다고 주장했다. 이 대지 시스템은 지금까지 전문 과학자들에게만 관심 대상이었다. 나는 다음과 같이 썼다. "지구화의 심화와 지구온난화의 위기는 이러한 현상들에 관한 연구에 수반한 모든 논쟁과 더불어 행성—또는 좀더 적절하게는 내가 여기서 사용하는 대지 시스템—이 심지어 인문학에서 학자들의 지적 지평들을 가로질러 우리의 시야로 들어올 수밖에 없게 했다."[6] 그러고 나서 다시 다음과 같이 쓰기도 했다. "하이데거의 언어를 사용하자면, 우리는 이익과 권력을 점점 더 추구하는 가운데 대지(the earth)에 더욱더 강하게 작용하면 할수록 행성과 더 많이 마주친다고 말할 수 있다. 행성은 지구화 프로젝트에서 …… 출현했다."[7]

하지만 내 작업에 대한 공통의 오해를 피하기 위해 지적하지 않을 수 없는 것은 내가 지구와 행성이 상호 배타적인 이원적인 것을 구성한다고 시사한 적이 없다는 점이다. 일부 부주의한 독자들은 내가 그러한 견해를 가지고 있다고 생각했지만, 나는 그렇게 말하지 않았다. 내 생각에 '지구'와 '행성'은 언제나 서로 연관된 실체들이었다. 독자들은 인간 역사를 재개념화하는 방법으로서 이러한—이원적이지 않은—분석적 구별에 대한 더 자세한 설명을 위해 내 책 《행성 시대 역사의 기후》를 참조할 수 있을 것이다. "그 모든 차이에도 불구하고 지구적으로 생각하는 것과 행성적 방식으로 생각하는 것은 인간에게 이것이냐 저것이냐의 물음이 아니다."[8]

나는 지구/행성 구별이 인간 역사에 대한 두 가지 서로 다른 관점을 동시에 발전시킬 수 있는 서로 다르지만 연관된 두 가지 유리한 지점, 즉 지구와 행성을 제공한다는 점에서 유용하다고 생각했다. 우리는 우리 시대를 위한 인간주의 역사를 쓰는 데서 이 두 가지 모두를 가지고 작업할 필요가 있다. 인간은 내가 행성이라고 부르는 것에 어떻게 관계할 것인가 하는 물음을 둘러싸고 분열되어 있고 앞으로도 계속 그럴 것이다. 그러나 인위적 기후변화 시대에 행성은 벗어날 수 없거나 피할 수 없는 관심사로 떠올랐다. 다음은 '대지 시스템 과학'의 '대지 시스템'(또는 나의 용어로는 행성)을 '지구화'의 '지구'와 구별하는 몇 가지 주요 차이점들이다.

1. 지구(globe)는 인간이 만든 것이다. 그것은 제국·자본주의·기술이 한 일을 포함한다. 그 이야기의 중심에는 인간이 있다. 인간이 지구를 만든 이야기의 주인공이다. 물론 행성도 인간

의 개념적 구성물이지만 인간을 탈중심화한다. 인간은 행성의 지질학적·생물학적 역사에서 너무 늦게 등장하여 이 서사의 중심에 있을 수 없다. '행성' 범주는 자기 내에 예를 들어 행성의 나이를 세는 인간이 없더라도 행성이 45억 년 되었을 것이라는 이해를 수립했다.

2. 지구적인 것은 오직 지난 500년의 기록된 역사에 속한다. 행성적인 것은 깊은 역사, 행성의 지구생물학적 역사에 관한 것이다.

3. 지구는 독특하고 특이하게 인간적이며, 대지(earth)에 대한 인간의 경험에 초점을 맞춘다. 행성은 비교에 근거하며, "화성은 복잡한 생명체가 거주할 수 있게 만들어졌을까?" "금성은 급격한 행성 온난화를 겪었기에 뜨거워졌을까?" 같은 물음들에 대답하기 위한 인간의 시도에서 출현했다. 하지만 기술은 특히 우리가 "대지의 기후를 인간이 조작할 수 있을까?"라고 물을 때 지구적인 것과 행성적인 것을 연결한다. 그 물음 자체는 우리가 더는 단순히 지구적인 시대에 있지 않다고 시사한다. 우리는 지구적인 동시에 행성적인 시대에 있다.

4. 지속가능성(sustainability)은 지구적이고 인간 중심적인 용어다. 그것은 인간이 대지를 자기 뒤에 오는 인간을 위해 지속가능한 상태로 남겨둘 수 있는지 묻는다. 행성적인 것은 거주적

합성(habitability), 예를 들어 우리가 "행성은 어떻게 해서 생명이 거주하기에 적합하게 되는가?"라고 물을 때 제기되는 문제에 관한 것이다. 여기서 '생명'은 오로지 인간적 형식의 생명만을 가리키는 것이 아니다.

5. 지구적 역사들은 이 행성에서의 인간 지배적 생명 질서에 관한 것이다. 반면에 이 행성의 지구생물학적 역사는 우리가 생명 형식의 소수자이며 행성 위에서 생명 형식의 다수자는 미생물적이라는 사실, 즉 박테리아, 바이러스, 원생생물, 일부 균류 등등이라는 사실을 깨닫게 해준다. 인간의 처지에서 이러한 깨달음은 우리에게 다른 생명 형식과 관련하여 소수자주의적 사고 형식의 개발을 요구한다.
6. 근대 역사학에서 사용되는 지구·대지·세계(world)는 모두 인간과 그 세계적 환경 사이의 상호성 관계를 가정하는 범주화다. 우리는 이 점을 "대지는 우리의 집이다. 대지는 우리가 그 위에 거주할 수 있도록 만들어졌다" 같은 진술로 표현한다. 이러한 정서는 틀림없이 오래되었지만, 그것은 근대에 새로운 형식으로 지속되고 있다. 행성, 즉 대지 시스템은 우리에 대한 관계에서 다르다. 우리는 생명을 뒷받침하는 행성적 과정이 이바지해야 할 목적이 아니다. 인간은 이 행성에서의 생명의 역사에서 우발성의 산물이다. 행성은 우리가 행성과의 어

떤 상호성 관계도 가정할 수 없다는 점에서 우리의 시선에 아랑곳하지 않는다.

7. 인간의 제도와 기술로 만들어진 지구는 도덕적인, 따라서 정치적인 물음들에 적합하다. 그것은 공정성과 규범의 물음들을 흔쾌히 받아들인다. 반면에 행성적 힘들은 우리를 피조물로서의 삶으로 되돌려놓을 수 있다. 우리가 (대지 시스템에 대한 우리의 간섭으로 촉발될 수 있는) 쓰나미·지진·화재폭풍 같은 행성의 '분노'에 직면할 때, 우리의 정치는 생존의 정치로, 요컨대 어떠한 도덕성의 감각도 결여해 있는 까닭에 칸트나 한나 아렌트(Hannah Arendt)가 '정치'라고 부르지 않을 그 무엇으로 축소된다.[9]

행성과 정치적인 것

내가 여기서 사용하고 설명한 '행성' 범주는 인간이 정치적인 것의 분야로 간주하는 것, 즉 국민국가 및 권력과 불평등의 다른 구성체들에서 비롯된 것들로부터 개별 인간에 이르는 다양한 활동을 포함하는 영역에 특유한 도전을 제기한다. 문제는 행성, 곧 대지 시스템이 분화되어 있으면서도 단일하다는 점이다. 나는 그것을 "관계들의 역동적 총체"라고 부른 바 있다.[10] 그것은 지질학적 시간에 걸쳐 한 상태에서 다른 상태로 기울어진다.[11] 이러한 행성 개념을 사회과학과 통합하기 위해 누구보다 큰 노력을 기울여온 클라크와 체르친스키는 "대지는 …… 생명을 뒷받침하는 단일 시스템 그 이상이며 …… 행성체에는 결합뿐만 아니라 분리 또는 단절이 존재한다"고 본다.[12] 그들은 "행성적 다중성" 개념을 도입하는데, 이 개념은 "대지는 한 상태에서 다른 상태로 전환하고 이것을 빠르게 할 수 있는 내재적 잠재력을 가진다"는 부인할 수 없는 사실을 가리킨다. 그러나 그들도 마크 윌리엄스(Mark Williams)와 얀 잘라시에비치(Jan Zalasiewicz)가 생물권의 역사에 관한 최근 저서에서 그렇게 하듯이 이 행성의 단일성을 인정하고 행성을 "역동적이고 자기조직화된" 실체로 바라본다.[13]

그 분화된 표현에서 행성 또는 대지 시스템은 지질학적인 것과 생물학적인 것의 얽힘, 다양한 생명 형식들의 서로에 대한 얽힘, 예를 들어 박테리아와 플랑크톤의 활동을 대기 중 산소 비율과 연결하는 얽힘 등 다양한 얽힘에 관해 이야기한다. 그러한 얽힘은 도나 해러웨이(Donna Haraway), 애나 로웬하웁트 칭(Anna Lowenhaupt Tsing), 브뤼노 라투르 등이 통찰과 상상력으로 써온 주제다. 얽힘은 행성의 분화된 측면을 나타낸다.

하지만 행성은 또한 하나이기도 하다. 정부간기후변화위원회(Intergovernmental Panel on Climate Change, IPCC)가 때때로 발표하는 인류를 위한 '탄소 예산'은 하나의 대기와 하나의 행성, 전체로서 다루어질 수 있는 행성 기후 시스템과 생명을 뒷받침하는 단일한 대지 시스템이 존재한다는 생각에 토대한다.[14] 중요한 것은 이 모든 것의 '과학'이 ('시스템들'이 아닌) '대지 시스템' 과학이라고 불린다는 점이다. 지금은 종료되었지만 대지 시스템 과학자들이 운영하던 국제 생물권-지구권 프로그램에서 제공한 정의는 여전히 적절하다.

> '대지 시스템'이라는 용어는 대지의 상호작용하는 물리적·화학적·생물학적 과정을 가리킨다. 이 시스템은 땅·바다·대기·극으로 구성된다. 그것은 행성의 자연적 순환, 즉 탄소·물·질소·인·황 및 다른 순환과 깊은 대지 과정을 포함한다. 생명도 대지 시스템의 통합적 부분이다. 생명은 탄소·질소·물·산소 그리고 다른 많은 순환과 과정에 영향을 미친다. 대지 시스템은 이제 인간 사회를 포함한다. 우리의 사회적·경제적 체계는 이제 대지 시스템 안에 내장되어 있다. 많은 경우 인간의 체계들은 이제 대지 시스템에서 변화의 주요 동인이다.[15]

이 모든 것은 대지 시스템 과학이 제안한 것 이외에 행성에 대한 다른 많은 이해와 표현이 있을 수 있다는 것을 부정하지 않는다. 예를 들어 인도 점성가들은 인간의 행성적 곤경을 설명하는 완전히 다른 일련의 이유를 들 수 있다. 수천 년 전 밤하늘을 바라보며 바다를 항해하여 태평양의 섬들에 정착한 선사시대 인간으로부터 고대 그리스와 인도의 점성술과 계절에 대한 농부들의 격언을 거쳐 과학에서 코페르니쿠스 혁명과 그 귀결에 이르기까지 이 모두가 행성적 사고의 예다. 그러나 행성의 대기를 위한 IPCC의 탄소 예산 권고안은 오로지 **행성이 분화되어 있지만 하나**라는 가정 위에서만 이루어질 수 있다.

반면에 인간은 정치적으로 말하자면 **오직** 분화되어 있을 **뿐**인바, 다시 말하면 하나가 아니다. 정치에는 하나의 인류가 존재하지 않는다. 정치는 인간을 분화시키는 것에서 유래한다. 인간에 관한 보편적 진리일 수 있는 것, 예를 들어 인간이 다른 생명 형식들과 얽혀 있는 하나의 생물학적 종이라는 사실은 단일한 정치적 주체가 생겨나 세계에 자기 자신을 투사할 수 있는 근거를 구성하지 않는다. 사르트르가 이전에 헤겔로 거슬러 올라가는 사유의 절차를 따라 프란츠 파농(Frantz Fanon)의 《대지의 저주받은 자들》에 붙인 자신의 서문에서 지적했듯이 한 인간을 다른 인간이 인간으로 인정하는 것은 위계와 분리, 식민지화, 고문, 억압, 박탈, 노예화를 낳는 근거가 될 수 있다. "우리〔유럽인〕는 인간종에서 좀더 구체적인 관행을 은폐하는 구실로서 이바지하는 보편성이라는 추상적 전제를 보았다. 해외에는 우리 덕분에 아마도 천년은 지나야 우리와 같은 위치에 도달할 수 있을 인간 이하의 종족이 있었다. 요컨대 우리는 인류를 엘리트의 의미로 받아들였다."[16]

IPCC는 하나의 행성을 가정하고 단일한 행성적 일정에 토대한 어느 정도 동기화된 인간의 행동을 요구할 수 있지만, 인간과 그 대표 기관들은 언제나 이 하나임을 그들의 차이를 통해 우회하려 할 것이다. 대지 시스템 과학에서 말하는 하나의 행성은 부자와 가난한 자, 이전 제국주의 국가와 그들이 한때 정복했거나 여전히 예속하고 있는 민족들의 여러 행성으로 쪼개진다. 이러한 관점의 매우 강력하고 굳건한 표현을 캐스린 유소프(Kathryn Yusoff)의 《10억 개의 검은 인류세 또는 하나도 없는》에서 찾아볼 수 있다.

> 행성적 위험에 대한 상상이 '우리'라는 이상을 강요한다면, 그렇게 되는 것은 오직 후기 자유주의의 굴레가 위협받을 때뿐이다. 이 '우리'는 그러한 지질학의 부가 어떻게 원주민 학살과 말살, 노예제도와 강제 노동을 떠받치는 층위에서 세워졌는지에 대한

모든 책임을 부정하고, 무엇이 현재에도 여전히 그러한 부의 축적을 가능하게 만드는지 회피한다. '우리'는 지질학의 경제가 여전히 지정학을 폭넓게 규제한다는 사실을, 강탈 및 계속되는 정착민 식민주의를 자연화하고 공식화하며 조작하는 방식을 규제한다는 사실을 잊어서는 안 된다.[17]

그리고 뒤에서는 다음과 같이 말한다.

보편성이나 인간성을 가장하여 지질학에서 집단을 옹호하는 것은 실제로 지질학에서 그리고 지질학을 통해 이루어진 주관적 관계의 분화를 기형화하는 것이다. 이것이야말로 (땅·광물·금속·금·상품·가치·자원과 같은) 지질학의 성문화가 도둑질의 역사적 토대가 되고, 봉쇄와 억제의 언어가 추출(extraction)을 물질적으로 조직하는 데 사용되는 소유권 박탈의 장을 활성화하는 방식인바, 여기서 폭력은 사람과 대지로부터 잉여의 부를 해방하는 외관으로 가려져 있다.[18]

유소프는 이렇게 언명하는 데서 원주민 추방과 "노예제도와 강제 노동"의 역사를 시야에 넣고 있다. 대지 시스템에 대한 우리의 지식은 인종차별적 억압의 역사적이고 상존하는 토대 위에 놓여 있다. 대지 시스템의 "하나임"은 그 자신의 가능성 조건인 인간의 분화 사실을 숨긴다. 인도와 중국처럼 정착민 식민 통치를 겪지는 않았지만, 다른 방식으로 유럽 제국들의 희생양이 된 국가들로 향할 때도 우리는 실제로 행성을 분열시키는 같은 경향을 보게 된다. 중국과 인도가 선진국들에게 행성 온난화는 그 나라들의 역사적 책임이므로 자기들에게 발전을 위한 일정한 탄소 공간을 허용해야 한다고 말할 때, 중국과 인도는 기후 정의라는 중요한 문제를 제기할 뿐 아니라 똑같은 움직임으로 행성을 분화시킨다. 이는 선진국들에게 다음과 같이 말하는 것과 같다. "행성은 앞으로 20~30년 동안 주로 당신들의 것이다. 행성을 돌보는 것도 주로 당신들의 일이다. 우리는 당분간은 주로 성장에 집중할 필요가 있다." 이것은 행성을 분열시키는 행위다.

기후변화 과학이 상상하는 대지 시스템의 하나임과 인간 정치의 다원적 성질 사이의 이러한 구조적이고도 해결할 수 없는 불일치는 내 생각에 오늘날 인간 조건의 근본적 측면을 규정한다. 대지 시스템 과학 자체는 인류의 분화된 본성의 산물이다. 그것은 냉전 분열의 산물이다. 냉전은 대기 과학과 비교 행성 과학에 커다란 영향을 미쳤다. 대기에 영향을 미치는 핵 낙진, 날씨의 무기화, 화성과 그 밖의 천체들을 식민지화하는 것은 초강대국들의 안보 관심사가 되었다. 우주 탐사 기술은 결국 냉전에서 생겨났고 대기와 우주의 무기화를 촉진하는 데 이바지했다. 이 모든 것이 결국 1980년대 미국에서 대지 시스템 과학을 만들어냈다. 그러한 연관은, 미국 국방성과 많은 비난을 받는 석유·광업 회사들이 시추에 필요한 기술을 개발하지 않았다면 기후 과학자들이 그 기술을 얼음에 적용해 80만 년 전에 생성된 얼음을 뚫고서 고대의 공기 방울을 포착할 수 없었을 것이라는 사실에서도 볼 수 있다. 우리가 인류세에 있든 아니든, 과학자들은 위성 측정, 극지방 만년설 시추, 해양 측정 등 지구온난화 조건에 관한 과학적 탐구를 통해 '대지 시스템'이라는 초객체(hyper-object)를 구축할 수 있다. 이것이 바로 내가 행성이라고 부르는 것이다. 그것은 지질학과 생물학이 오랫동안 연결되어온 현상이었던 이 행성이 어떻게 바로 '시스템'으로서 작동하는 생명 유지 시스템을 갖추고 있는지 설명하기 위한 추상적인 과학적 구성물이다. 예를 들어 식물성 플랑크톤이 하는 일을 포함한 행성 과정은 (인간을 포함한) 동물과 식물의 생존에 도움이 되는 수준의 대기 중 산소를 유지해왔다. 이 대기는 우리가 존재하는 데 결정적이다. 그러나 그것은 인간을 염두에 두고 만들어진 것이 아니다. 행성은 거의 3억 7500만 년 동안 이 대기를 유지해왔다.[19]

대지 시스템 과학의 기원을 냉전의 맥락에 놓는 것은 과학을 역사화하는 것이지만, 과학이 구현하게 된 지식을 손상하지는 않는다. 다만 인간 정치의 이러한 행성적 조건에 대한 인식이 널리 퍼질 수 있었던 것은 전 세계적으로 기상 이변의 빈도와 충격이 증가하면서 IPCC가 한동안 중계해온 메시지에 우리가 민감해졌기 때문이다.

내 책 《유럽을 지방화하기: 포스트식민 사상과 역사적 차이》는 지구적인 것의 문제를 논했지만, 당시 대부분의 포스트식민주의 비평가 및 이론가와 마찬가지로 행성적인 것을 인식하지 못했다.[20] 이 문장을 쓰면서 나는 보컴이 그의 저서 《역사 섭씨 4도: 인류세 시대의 방법에 대한 탐구》에서 나의 기후 관련 글들에 대해 사려 깊고 세심하며 호의적이면서도 날카롭게 비판한 것을 떠올리게 된다. 거기서 그는 이를테면 나를 나 자신으로부터 구조해내는 가운데 《유럽을 지방화하기》에는 실제로 인간의 지질학적 행위를 개념화하는 데서 여전히 유용할 수 있는 자원이 존재한다고 주장한다.[21] 보컴이 옳을 수도 있고 틀릴 수도 있다. 또는 우리 입장 사이에 어떤 중간 지대가 있을 수도 있다. 하지만 지금은 그 물음에 관한 판단을 유보하고자 한다. 그러나 나로서는 여전히 내가 생각하는 행성의 문제, 즉 대지 시스템으로서의 행성이 보컴의 책에 나타나지 않는다고 생각하는데, 이는 부분적으로 보컴이 폴 길로이(Paul Gilroy)의 "행성적 인간주의(planetary humanism)"라는 표현에서의 용법에 의존하는 데서 기인한 것으로, 내가 독해하기에 거기서 '행성'은 여전히 인류와 그 외연이 같다.[22] 내가 '행성'이라고 말할 때의 용법은 대지 시스템, 즉 인간이 존재하기 훨씬 이전부터 수억 년 동안 존재해온 무엇을 의미한다. 다른 많은 형식의 행성적 사고에서와는 달리 이 행성은 인간이 세계에 대해 직접 경험할 수 있는 것을 가리키지 않는다. 우리는 예를 들어 심해, 해류, 대기 중 미량 가스, 상공 오존층, 시베리아 영구 동토층, 또는 히말라야 빙하 등이 전체로서 행성의 기후 시스템을 유지하는 데서 하는 다방면의 역할을 직접적으로 경험하지 못한다. 행성의 전체 역사를 인간 존재의 역사로 축소하는 것도 불가능하다. 결정적인 행성 과정 가운데 일부는 인간이 정치적이거나 그 밖의 결정을 내릴 때 일반적으로 고려하는 것보다 훨씬 더 큰 시간 규모에서 작용한다. 행성적인 것이라는 말로 내가 의미하는 것은 아마도 "인간은 단순히 인간만의 것이 아닌 매우 길고 깊은 역사의 일부다. 그 역사는 사실상 매우 최근인 인류의 존재 자체보다 훨씬 더 오래되었다"는 아킬 음벰베(Achille Mbembe)의 말과 더 합치할 것이다.[23]

하지만 "기후 비상사태에서 무엇을 해야 하는가?"라는 정치적 물음은 인간에게만 해당하는 것으로 보인다. 의심할 바 없이 다른 생명체들도 더워지는 행성이라는 난관에 대응해야겠지만, 그와 연계된 물음은 인간에게만 해당한다. 그것은 세계 곳곳에서 기상 이변이 발생하고 팬데믹 같은 다양한 형태의 행성적 환경 위기가 인간과 다른 생명체의 삶을 위협하면서 인간에게 더욱 절실해진 물음이다. 대지 시스템 개념이 아무리 추상적이고 인간이 다른 형태의 살아 있거나 살아 있지 않은 것과 아무리 얽혀 있다고 하더라도, 내게는 현재로서는 정치적인 것을 개념화하는 데서 세계에 대한 인간의 경험 문제에서 시작하는 것 말고는 대안이 없어 보인다. 인간 현상학은 행성적 사물로서 인간의 역사를 포함한 비인간의 역사와 관련하여 (알튀세르의 오래된 용어로) "상대적 자율성"을 부여받아야 한다. (이것은 인간과 그들의 경험을 형성하는 데서—사물 같은 지구물리학적 힘으로서의 인간을 포함한—비인간의 행위를 부정하는 것이 아니다.)

이 점을 나는 토머스 네일(Thomas Nail)의 독창적이고 훌륭한 책 《대지의 이론》을 참조하여 설명할 수 있다.[24] 나는 토머스 네일의 논의, 즉 인간중심주의를 피하기 위한 선의에서 나왔지만 잘못 파악된 시도에서 인간의 역사를 행성의 역사로 완전히 수축시키려는 것에 경의를 표하기는 하지만 어느 정도 근본적인 시각에서 동의하지 않는다. 인간은 대지의 산물이기 때문에—많은 사람이 '인간(human)'과 '흙(humus)'의 어원상의 연관성을 지적해왔다—인간의 역사는 근본적으로 이 살아 있는 행성의 역사의 특징을 반복한다고 네일은 주장한다. 그는 묻는다. "호흡에 대한 인간의 생각 자체는 애초에 어디서 나왔는가? 숨 쉬는 인간이 있기 전에 …… 이미 숨 쉬는 대지가 있었다. 대지가 숨을 쉬기 때문에 인간이 숨을 쉰다……. 대기는 대지의 숨결이다. 이것은 은유가 아니다. 아니 어쩌면 그것은 전도된 은유일 것이다. 인간이 숨을 쉬기 때문에 대지가 숨을 쉬는 것이 아니라 그 반대다. 인간중심주의는 이미 자기 자신을 망각한 **땅·인간 동형론**(terramorphism)이다."[25]

인간이 아니라 대지가, 즉 그 위에 생명이 출현하기 전부터의 행성이 네일이 쓴 대로 참으로 역사의 주체다. "대지는 어떤 논리적이거나 존재론적인 필연성 때문이 아니라 그것들이 존재하기 수십억 년 전부터 대지가 스스로 되풀이해온 실천적·역사적·물질적 방식 때문에 인간의 몸(과 다른 신체)을 **통해** 자기 자신을 알고 있다."[26] 때때로 네일은 주체를 우주적 비율로까지 확장한다. "인간적 동물은 대지 **위에** 살지 않는다. 그들**이** 대지다. 엄밀히 말하면 대지 그 자신도 대지에 **속하지** 않는다. 대지는 거대한 우주수(宇宙樹) 모양 흐름의 한 갈래이며, 인간은 우주의 차가운 어둠 속으로 최적의 운동적 소비를 추구하는 하나의 작은 실험용 모세관이다."[27]

하지만 네일은 인간에게 "우리 행성과 우리 우주가 그 자신을 소비하도록 도울" 것을 요구한다. "이 행성 위에서 우리 삶의 지속은 우리의 행성과 우주가 그 자신을 소비하도록 우리가 얼마나 잘 돕느냐에 관계된다."[28] '자본가', '자본주의', '인간중심주의', 심지어 인간적인 '우리' 같은 역사적 캐릭터들이 비록 드물게나마 네일의 일부 페이지에 등장한다. "자본주의와 인간중심주의가 이 행성을 파괴하고 있으며, **우리**가 살아남길 원한다면 **우리**가 이를 멈추어야 한다."[29] 하지만 우리가 궁극적으로 행성의 우주적 역사와 인간 역사의 불가분성을 받아들인다 하더라도, 개념적으로 인간과 그 인간의 제도에 행성의 우주적 역사에 대한 어느 정도의 자율성을 부여하지 않는다면 어떻게 이러한 '우리'나 심지어 '자본주의'가 하나의 범주로서 존재할 것인가?

이러한 자율성은 우리가 인간 역사의 집단적 주체인 '우리'의 문제를 해결했다는 의미가 아니다. 사실 '우리'의 문제는 우리의 현재 행성적 위기의 가장 중요한 측면이다. 대지의 과거가 겪은 우발성에 의해 하나인 행성이나 대지 시스템에 대응할 수 있는 하나의 '우리'는 존재하지 않는다. 인간 역사의 증거를 지나치는 식으로라도 살펴본다면, 인간들에게서 하나의

'우리'는 결코 존재한 적이 없다. 이것이야말로 《유럽을 지방화하기》의 몇몇 관심사가 인간이 지구적인 것과 행성적인 것의 경계에 자리하고 있는 오늘날에도 여전히 관련성이 있는 까닭이다.[30]

이 책에 실린 세 편의 글은 모두 '지구적인' 것과 '행성적인' 것 사이의 이러한 들쭉날쭉하고 잘 들어맞지 않는 접촉면에서 최근에 발생한 문제에 초점을 맞추고 있다.

첫 번째 글은 팬데믹을 곰곰이 생각해보며, 그것을 오늘날 우리가 직면한 행성의 환경 문제와 떼려야 뗄 수 없는 사건으로 다룬다. 나는 팬데믹이 인간 역사의 시간, 즉 아시아·아프리카·라틴아메리카의 국가들이 산업화와 소비 경쟁에 뛰어든 거대한 가속의 시기가 박테리아와 바이러스의 좀더 다윈주의적인 진화 역사의 시간과 서로 뒤얽힌 것을 표현하고 있다고 생각한다.

두 번째 글은 인간을 소행성처럼 이 행성에 영향을 미치는 매우 큰 지구물리학적 힘으로 파악하는 개념이 포스트식민주의적인 근대 역사학에 제기하는 몇몇 문제를 고찰한다. 그러한 역사학은 1960년대 이후 주로 억압과 빈곤으로부터의 인간 자유에 대한 다양한 해방적 철학에 초점을 맞춰왔다. 이 두 번째 글과 뒤따르는 글 모두에서 나는, 아마르티아 센(Amartya Sen)

의 유명한 표현을 빌리자면, "자유로서의 발전"이라는 포스트식민주의적 비전의 계보학과 그것의 계속되는 정치적 중요성을 강조한다.

이 책의 세 번째이자 마지막 글은 내가 이미 언급한 문제, 기후변화를 그토록 해결하기 어려운 쟁점으로 만드는 '하나와 여럿'의 문제의 핵심으로 나아간다. 다시 말하면, 대지 시스템 과학은 하나의 대지 '시스템'을 가정한다. 이 단어는 단수로 사용된다. 하지만 온난화에 책임이 있거나 온난화에 맞서 싸우는 데서 하나로 행동할 수 있는 그에 상응하는 단일한 '인류'는 존재하지 않는다. 이러한 불일치는 프랑수아 아르토그(François Hartog), 라투르 등이 지적한, 방향 잃은 시간 감각을 만들어낸다.[31] 하지만 "기후 비상사태"의 존재에 관한 IPCC의 이야기는 분명히 시간적 차원을 지닌다.[32] 비상사태는 긴급한 행동이 필요한 시간에 대한 감각을 함축한다. 그러나 문제가 되는 시간은 행성적 시간, 즉 대기에서 과잉 탄소를 제거하는 데 걸리는 시간이며, 대기와 바다를 지닌 행성이 하나라는 가정에 토대한다. 그러나 대지과학자들이 생각하는 행성의 이러한 하나임은 유럽의 사상과 포스트식민주의적 및 탈식민적 비판 내부에서 격렬한 논쟁을 불러일으키고 있다. 예를 들어 지식을 '탈식민화'하려는 많은 학자는 이러한 '근대적' 사고와 원주민 사고 사이에 놓여 있는 화해할 수 없는 차이를 지적한다. 하지만 이 책의 마지막 장은 점점 더 지구화하는 세계에서는 그 밖의 점에서는 서로 구별되는 이러한 지적 전통들이 이미 언제나 서로 얽혀 있다고 주장한다. 행성적 비상사태에 대한 어떠한 인간의 감각도 갈등하고 뒤얽힌 그러한 다중성의 역사를 뚫고 나아가야 할 것이다.

인간의 차이들은 결국 실존적이다. 그저 삶의 실상일 뿐이다. 우리는 서로 다르게 태어났으며, 한나 아렌트는 이 사실에서 희망의 근거를 찾았다. 마찬가지로 《니코마코스 윤리학》에서 정의·평등·균형에 관한 아리스토텔레스의 숙고도 차이와 교환의 문제에 초점을 맞추었다. 교환은 언제나 필연적으로 "서로 다르고 불평등한" 사람들로 이루어진 공동체를 형성하는 문제의 핵심이었다. "왜냐하면 교환을 위해 서로 협력하는 것은 두 명의 의사가 아니라 의사와 농부, 또는 일반적으로 서로 다르고 불평등한 사람들이기 때문이다. 그러나 이들은 평등해져야만 하며 …… 어떻게든 균형이 잡혀야만 한다."[33] 그렇다면 지상에는 차이만 있을 뿐이다. 정치의 과제는 이러한 차이를 넘어 연대를 모색하고, 그 차이를 승화시키고 분명히 표현하며 심지어 잠시 유예하는 것이다. 그러나 '잠시'란 얼마나 길며, 거기에 도달하는 데는 얼마나 걸리는 걸까? 시간성의 문제는 인간 정치의 근본적 측면이다. 정치는—데리다의 말을 빌리자면—언제나 다가와야 할 공동체 감각에 의해 구성된다. 정치의 이러한 본질적 면모는 이제 일부 인간이 '기후 비상사태'를 선언하게 되면 그 자체가 정치적 문제로서 떠오른다. 인간은 IPCC가 권고하는 행성적 행동 일정에 맞추지 못하더라도 서로의 차이를 인내심 있게 극복해나가야 할까? 아니면 강대국들이 어려운 차이의 정치를 우회하여 기후 공학에 뛰어들어야 할까? 아니면 삶의 다른 형식들에 얽혀 있는 인간은 수동적이 아니라 적극적으로 (해러웨이가 표현하듯이) "트러블과 함께" 또는 (해러웨이의 텍스트에 감사하며 내가 표현하는 대로 하자면) "현재와 함께" "머무르며" 공동의 것을 재구성하기 위해 노력해야 할까?[34] 그러나 생명 형식의 다수를 이루는 미생물과 지배적 소수자인 인간 사이에 정치적으로 공동의 것은 어떤 모습일까?

이 물음들이 우리 시대의 더 크고 시급한 정치적 물음들 가운데 일부이긴 하지만 나는 이 물음들에 대한 장대한 해결책을 갖고 있지 않다. 그러나 나는 여기에 모아놓은 세 가지 연구를 통해 정치적인 것이 실제로—현재로서는—여전히 지방적이고 지역적으로 인간적인 무엇일 수 있다고 제안한다. 인간이 다른 생명 형식들과 얽혀 있다는 사실은 우리에게 집단적·개인적으로 영향을 미치는 현재의 팬데믹 이야기에서만큼이나 행성적 수준—예를 들어 대지 시스템의 역사—에서도 볼 수 있다. 그러나 이러한 얽힘은—현실적이라고 할지라도—그 자체로는 정치적 주제를 구성하지 않는다. 물론 인간이 동물·식물 같은 어떤 다른 생명 형식들이나 심지어는 산이나 강같이 생명 없는 존재자들을 위한 (인간 제도 내부에서의) 옹호자로서 행동할 수는 있다. 우리가 인위적 기후변화라고 부르는 일련의 사건이나 문제에 직면하면 인간과 비인간 모두 행동할 것이다. 예를 들어 나무·동물·새·물고기와 그 밖의 생물과 미생물이 모두 자신의 번영에 더 적합한 장소와 지역으로 이동하려고 할 것이다. 그러나 '무엇을 해야 하는가?'라는 진취적 물음은 여전히 인간에게만 해당한다. '지구'와 '행성'을 분석적으로 구별할 수 있다면 우리는 방향 감각 상실이라는 이러한 역사적 경험을 다룰 수단을 얻을 수 있을 것이다.

오늘날 누군가 "기후 관련 연구에서는 무엇을 지방화하나요?"라고 내게 묻는다면, 아마도 나는 인간을 지방화하며 인간에 대한 인간주의적 역사가로서 그렇게 한다고 말할 것이다.[35]

1

팬데믹과 우리의 시간 감각

팬데믹과 기후 위기는 서로 연결된 현상이다. 우리는 이 둘이 인류세 시대를 대변한다고 말할 수 있다. 급속한 전 지구적 경제성장 이야기—그 모든 다양성(제국주의·자유주의·신자유주의)에서 자본주의의 역사—는 두 위기에 대한 논의를 뒷받침하는 서사들에 공통된다. 두 위기는 모두 전 지구적 역사에서 이른바 거대한 가속의 시기, 특히 1950년대에 시작되어 20세기와 21세기에 걸쳐 이루어진 인간 영역의 팽창—또는 좀더 적절하게는 폭발—에서 비롯한다. 대지에 대한 점증하는 추출적 관계에서 이 팽창은 행성의 생물권이 낳은 산물, 즉 직접적으로 생명을 떠받치는 이 행성의 일부분을 점점 더 많이 요구했다. 브뤼노 라투르와 다른 이들은 티모시 렌턴(Timothy Lenton) 같은 과학자들을 따라 이것을 대지의 "임계 지대"라고 불렀다.[1] 우리 모두 지금 알고 있듯이 이러한 팽창의 핵심은 처음에는 석탄에서, 나중에는 석유와 가스 등 다양한 종류의 화석연료에서 추출한 값싸고 풍부한 에너지였다. 인간과 그 인간의 시설이 소비한 화석연료 총량의 87퍼센트 이상이 2차 세계대전 이후 산업화한 경제의 재건부터 현재까지의 시기에 발생했다. 이것이 바로 역사가들과 대지 시스템 과학자들이 거대한 가속의 기점을 1950년경으로 보는 이유다.[2]

20세기는 인간 역사에서 "엄청난 변화의 시대"가 되었다. "인구는 15억에서 60억으로 약 4배 증가했고, 세계 경제는 15배, 에너지 사용은 13~14배, 민물 사용은 9배, 관개 면적은 5배 증가했다."[3] 좀더 극적인 몇 가지 수치를 덧붙이자면, 같은 세기에 전 세계 도시 인구는 1200퍼센트, 산업 생산은 3500퍼센트, 에너지 사용은 1200퍼센트, 석유 생산은 3만 퍼센트, 물 사용은 900퍼센트, 비료 사용은 3만 퍼센트 이상, 어획량은 6500퍼센트, 유기화학 생산은 10만 퍼센트, 자동차 소유는 어마어마하게 77만 5000퍼센트 증가했고, 대기 중 이산화탄소량은 30퍼센트 늘어났다.[4] 윌 스테펜(Will Steffen)과 다른 사람들이 만든 매우 잘 알려진 거대한 가속 그래프는 이 수치들 대부분에서 1950년을 기점으로 성장이 기하급수적으로 이루어졌으며, 중국과 인도가 경제를 자유화하고 산업화와 근대적 소비를 위한 경쟁에 더 큰 노력을 기울이게 된 1980년대에는 훨씬 더 가파르게 증가했다.[5]

그 밖에 독일 학자 하네스 베르크탈러(Hannes Bergthaller)는 브루킹스 연구소의 2017년 조사를 사용하여 인간의 자원 소비가 마찬가지로 가속화하고 있음을 보여주는 몇 가지 흥미로운 통계를 제시했다. 베르크탈러는 "〔전 지구의〕 중간계급이 10억 명에 도달한 것은 유럽에서 산업혁명이 시작된 지 약 150년 지난 1985년경"이었지만, "중간계급이 두 번째 10억 명을 추가하는 데는 2006년까지 21년밖에 걸리지 않았으며", 이는 중국 내의 엄청난 성장을 반영한 것이라고 보고한다. 베르크탈러는 계속해서 다음과 같이 말한다. "세 번째 10억 명이 9년 만에 전 지구의 중간계급에 더해졌다. 오늘날 우리는 7년 안에 또 다른 10억 명을 추가하고 2028년까지 …… 다섯 번째 10억 명을 추가하는 추세에 있다."[6] 또한 인간이 이 시기에 대지 위 최대의 지형학적 행위자로서 등장하여 대지의 풍경과 해양의 대륙붕 모습을 새롭게 형성하고, 행성 전체의 기후 시스템을 변화시키는 지질학적 힘으로서 일부 과학자들이 시사하듯이 인류세라는 새로운 지질학적 시대의 도래를 알리게 된 것은

놀라운 일이 아니다.[7]

베르크탈러는 아시아와 인류세에 관한 글에서 다음과 같이 쓴다. "'거대한 가속'의 모든 곡선이 (인구 곡선이라는 주목할 만한 예외와 함께) 여전히 가차 없이 위쪽을 향하는 주된 이유는 전 세계에 걸친 중간계급 소비 패턴의 확산이다. 중간계급을 (냉장고, 세탁기 또는 오토바이와 같은) 내구 소비재를 사들이고 오락과 때때로 휴가에 돈을 쓸 수 있는 충분한 가계 소득을 가진 사람들로 이해한다면 말이다." 그는 최근 2000년까지만 해도 "이 '전 지구적 중간계급'의 약 80퍼센트가 …… 유럽과 북미에 살고 있었다." 하지만 2015년에 "그 비중은 주로 아시아 중간계급의 급속한 팽창으로 인해 약 35퍼센트로 떨어졌다." 베르크탈러는 2030년까지 "아시아 중간계급이 …… 옛 '서구'의 중간계급보다 적어도 3배 이상 커질 것"으로 예상되며 "전 세계 중간계급의 3분의 2"를 차지할 것으로 전망한다.[8]

그리하여 인류세는 특유한 역사적 시간 감각, 이른바 '시정학(時政學, chronopolitics: 시간의 정치학)'이라는 것을 만들어 낸다. 나는 이 말을 세 명의 젊은 학자—토비아스 베커(Tobias Becker), 크리스티나 브라우너(Christina Brauner), 페르난도 에스포지토(Fernando Esposito)—에게서 빌려왔다. 이들 세 학자는 2021년 9월 16~18일 '시정학'이란 제목의 온라인 회의를 조직하고 그 말에 "정치의 시간, 시간의 정치, 정치화된 시간"이란 의미를 부여했다.[9] 우리가 인류세라는 명칭으로 포괄하는 행성적 환경 위기들이 인간적인 것과 비인간적인 것을 막론하고 서로 다른 규모의 시간과 공간에서 전개되는 다양한 방식으로 인해, 인류세는 내가 보기에 전례 없는 방식으로 인간의 미래를 분열시키는 것 같다. 예를 들어 우리는 인류세 이야기를 신자유주의 자본주의의 위기, 즉 산업적이고 소비 지향적인 인간 생활양식의 위기 이야기로서, 그리고 여섯 번째 대멸종으로 이어지는 생물 다양성의 위기로서, 또는 인류가 다음 빙하기를 수천 년이나 막아낸 이야기로서 규정할 수 있을 것이다. 이러한 미래가 모두 같은 규모의 시간과 공간에서 일어나는 것은 아니다. 지질학적 시대인 인류세 자체는 인간보다 훨씬 더 오래 지속될 수 있으며, 이는 인류세가 과연 인간 역사의 시기 구분 장치로 사용될 수 있는지에 관한 물음을 제기하는 지점이다. 그러나 인류세는 또한 인간에게 매우 단기적인 미래, 즉 '현재'라고 생각할 수 있을 정도로 단기적인 미래를 만들어낸다. 팬데믹 시대에 대한 우리의 감각은 역사적 현재와 역사적 미래의 특수하고 뒤얽힌 형상을 포함한다. 팬데믹 이후의 미래에 대한 많은 이야기는 본성상 회고적이어서 팬데믹 이전의 편안하고 안락한 시대로 돌아가고 싶다는 바람을 표현한다. "백신 접종에 대한 평등한 접근"의 정치와 그에 대한 요구는 이 미래의 시간을 우리가 완전히—그리고 평등하게—살고 싶어 하는 현재로 바꾸어놓는다.[10] 이 장에서 탐구하는 것은 미래를 상상하기 어렵게 하는 현재의 시간으로서 팬데믹의 형상이다.[11]

팬데믹과 인간 역사의 거대한 가속

수많은 감염병 전문가는 우리가 팬데믹 시대에 살고 있다고 말한다. 전염병과 유행병은 농업이 발명되고 동물을 가축화한 이래로 인류와 함께해왔다. 수렵 채집 공동체도 감염병에 시달렸지만, 일부 바이러스학자들은 "우리 영장류 친척의 드문드문한 개체군처럼 그들은 군집 유행병과 달리 적은 개체군에서도 지속될 수 있는 특성을 가진 감염병에 시달렸다"고 설명한다. 그들은 더 나아가 동물의 가축화를 수반하는 농업이 "동물 병원체가 인간 병원체로 진화하는 데서 다양한 역할"을 했다고 말한다.[12] 인류가 이러한 인수공통질병(zoonotic disease)과 균형을 이루는 데는 수천 년이 걸렸다. 그러나 오늘날 차이점은 다음과 같다. 감염병 전문가인 데이비드 모렌스(David Morens)와 그의 공동 저자들은 최근 논문(2020)에서 과거의 이러한 위기는

"수 세기나 적어도 수십 년의 간격을 두고 발생했지만", 이제는 새로운 질병의 출현이 더 빈번한 현상이 되고 있다고 지적한다.[13]

모렌스와 그의 동료들은 2003년부터 17년간 전 세계에 영향을 미친 팬데믹 또는 잠재적 팬데믹으로 중증급성호흡기증후군(SARS, 2003년), "팬데믹에 가까운" 인플루엔자(H1N1 pdm, 2009년), 치쿤구니야 팬데믹(2014년), 지카 팬데믹(2015년), 2014~2015년 "아프리카의 다섯 나라에 걸친 에볼라의 팬데믹 같은 확산" 등 최소한 5건의 발병 사례를 제시할 수 있었다.[14] 그들은 "'팬데믹'이라는 말의 의미가 최근에 다양한 의제에 따라 재해석되어왔다"고 인정하면서도 우리 시대의 위험을 요약하는 다음 한 문장으로 결론을 맺는다. "**우리가 지금** 새롭게 등장하는 감염병, 오랜 전염병의 복귀라는 **팬데믹 시대에 살고 있다는 것은 분명하다.**"[15] 모렌스와 그의 동료인 미국 국립 알레르기 및 감염병 연구소 소장 앤서니 포시(Anthony Fauci)의 좀더 최근 논문도 같은 결론에 도달하고 있다.

> 1만 2000년 전, 수렵 채집 인류가 마을에 정착하여 동물을 길들이고 농작물을 재배하기 시작한 신석기 혁명 이후 새롭게 출현하거나 다시 출현하는 감염병이 인류를 위협해왔다……. 고대의

> …… 치명적 결과를 초래한 질병에는 천연두, 열대열 말라리아, 홍역, 선페스트/폐페스트 등이 있다……. 〔그러나〕 지난 10년 동안 전례 없는 팬데믹이 폭발적으로 증가했다. H1N1 '돼지' 인플루엔자(2009, 2014)와 지카 바이러스(2015), 그리고 아프리카의 많은 지역에서 팬데믹과 같은 에볼라 열병의 발생(2014년부터 현재까지) …… **이러한 최근의 경험으로부터 우리는 팬데믹 시대에 접어들었다는 결론을 내릴 수 있다…….**[16]

방금 나열한 모든 팬데믹—그리고 이름이 밝혀지지 않았지만, 2012년에 단봉낙타에서 인간으로 전파된 중동호흡기증후군(메르스)—은 그 기원에서 동물원성이다. 다시 말하면 그것들은 최근에 숙주를 동물에서 인간으로, 때로는 다른 동물을 통해 바꾼 바이러스와 박테리아에서 발원한 감염병들이다. 2005년 조사에 따르면 "동물원성 병원균이 인간 병원체로 알려진 1407종 가운데 58퍼센트를 차지한다."[17] 2011년 2월 24일부터 27일까지 멕시코 칸쿤에서 18개국 84명이 참가한 가운데 열린 제6회 신종 동물원성 질병 국제회의에 대한 2012년 리뷰는 "전 세계적으로 신종 동물원성 질병의 약 75퍼센트"가 "야생동물에서 기원"한다는 점에 주목했다. 이 리뷰는 또한 전 지구적인 야생동물 거래와 지속적인 동물 서식지 파괴가 이 문제

의 원인이라고 지적했다.[18]

모렌스와 그의 동료들은 "인간이 팬데믹의 궁극적 원인"이라고 주장한다. 그들은 "사람들을 야생동물과 그들의 잠재적인 인수공통병원체와 접촉하게 하는" 것은 "삼림 벌채, 농업 집중화, 도시화, 생태계 파괴"라고 지적한다.[19] 과학 작가인 데이비드 쾀멘(David Quammen)은 "문제를 가장 뚜렷한 형식으로 표현하자면, 인간이 초래한 생태학적 압력과 교란으로 인해 동물 병원체가 인간 개체군과 더 많이 접촉하고 있으며, 또한 인간의 기술과 행동으로 인해 그 병원체가 더 광범위하고 빠르게 확산하고 있다"고 말한다.[20] 그는 여기서 작용하는 결정적 요인에 대해 언급한다. 인간은

> 대격변의 속도로 자연 생태계의 …… 붕괴를 일으키고 있다. 벌목, 도로 건설, 화전식 농업, 야생동물 사냥과 식용, …… 가축 목초지 조성을 위한 산림 개간, 광물 채굴, 도시 정착, 교외 확대, 화학적 오염, 해양으로의 영양분 유출, 해산물을 얻기 위한 지속 불가능한 해양 채굴, 기후변화, …… 그 밖의 자연경관에 대한 '문명화하는' 침략—그 모든 수단으로 우리는 생태계를 찢어놓고 있다.[21]

유엔환경계획(UNEP)의 《다음 팬데믹 예방하기: 인수공통질병과 전염의 사슬을 끊는 법》과 세계자연기금에서 발간한 《자연의 손실과 팬데믹의 부상》은 이러한 결론을 뒷받침한다.[22] 그것들은 "인수공통질병 출현의 주요 인위적 동인"으로 몇 가지를 제시한다. (1) 특히 아시아와 사하라 사막 이남 아프리카에서 동물 단백질 수요 증가, (2) 지속 불가능한 농업의 강화, 특히 감염에 더 취약한 "유전적으로 유사한 상당수 동물로 귀결되는" 가축 사육 농장경영의 강화(돼지 독감이 핵심 사례), (3) 야생동물의 이용 및 착취 증가, (4) "사람과 야생동물 간의 새롭거나 확대된 상호작용"을 조장하는 도시화, 토지 이용 변화 그리고 채광, 석유와 가스 추출, 벌목 등을 포함한 채굴 산업으로 가속화된 자연 자원의 지속 불가능한 사용, (5) 인간의 여행과 무역량 증가, (6) "동물성 식품에 대한 수요 증가, 야생동물 식품에 대한 〔'웨트' 마켓(Wet Market: 전자제품 같은 내구재를 판매하는 '드라이 마켓'과 달리 신선한 고기·생선·농산물 등을 판매하는 시장—옮긴이)을 포함한〕 새로운 시장, 제대로 규제되지 않은 농업 집중화"로 추동되는 식품 공급망의 변화, 그리고 (7) "많은 동물원성 질병이 기후에 민감해지고 그 가운데 다수가 미래 시나리오에서 예견되는 더 따뜻하고 더 습하며 더 재난에 취약한 세계에서 번성할" 기후변화 등이다.[23] 세계자연기금 보고서에서 끌어낸 결론도 매우 비슷하다.

> 인간의 활동은 우리 행성에 대격변을 일으키고 있다. 인구 증대와 소비 급증은 토지피복(land cover), 강과 바다, 기후 시스템, 생물지구화학적 순환, 생태계 기능 방식의 중대한 변화로 이어졌으며, 이는 우리 자신의 건강과 복지에 중요한 함의를 지닌다……. 삼림 벌채와 자연적 서식지 변경을 포함한 토지 이용 변화는 신종 동물원성 질병의 거의 절반에 책임이 있다.[24]

우리가 이 비극적인 전 지구적 팬데믹을 10여 년 전에 겪지 않은 것은 순전히 운이 좋았던 것으로 보인다. 홍콩의 한 과학자팀은 약 13년 전인 2007년에 코로나바이러스가 "새로운 유전자형과 유행병의 발발"로 이어질 수 있는 "유전자 재조합을 겪는다는 것이 잘 알려져" 있는 까닭에 "중국 남부의 외래 포유류 식문화와 함께 관박쥐(말편자박쥐)에 SARS-Co-V 유사 바이러스의 거대한 저장소가 현존하는 것은 시한폭탄이다. 동물이나 실험실에서 사스 및 그 밖의 신종 바이러스가 다시 출현할 가능성과 따라서 그에 대비할 필요가 있다는 점을 무시해서는 안 된다"고 과학계에 경고했다.[25] 이 경고는 무시되었다.[26] 콰멘은 과학자들이 2012년이나 그 무렵부터 "주목할 만한 증상을 동반하는 높은 감염성"을 가진 팬데믹, "다음 대유행"이 언제 올 것인지 추측했다고 보고한다.[27] 왜냐하면 콰멘이 말하고 있듯이 "인구가 번성하고 높은 밀도로 살고 있는데 새로운 병원균에 노출된다면 다음 대유행이 찾아오는 것은 시간문제이기 때문이다."[28] 그러나 2007년이나 2012년에는 아무도 귀를 기울이지 않았다.

현재주의로서 팬데믹

팬데믹은 우리에게 팬데믹을 넘어 '정상적인' 미래로 나아가자는 모든 이야기가 마치 우리가 이전에 가졌던 것으로 돌아가자는 퇴보 운동에 대한 욕구처럼 들리는 현재를 만들어낸다고 말할 수 있다. 그렇다면 이것은 전쟁으로 피폐해진 현재로 모든 미래가 무너져버리는 경험을 하던 전후 유럽을 묘사하는 프랑수아 아르토그의 유명한 책 《역사성의 체제》에서 말한 현재주의(presentism)가 아니다.[29] 팬데믹에서 미래는 노스탤지어로 다가온다. 팬데믹에서는 미래 없는 현재가 존재하지만, 그것은 동시에 과거로 돌아가자는 것도 아니다. 그것은 과거·현재·미래에 대한 근대의 논의에서 흔히 읽게 되는 사라져가는 현재가 아니라 그런 의미에서 항상 현전하는 현재다. 또한 모든 인간이 인지적으로나 감정적으로 자신의 '지금'으로서 온전히 살아갈 수 있는 현재이기도 하다. 우리가 전 세계에 공정한 백신 배포를 요구할 때—또는 세속적이거나 종교적인 이유로 백신에 저항할 때도—우리는 그 현재에 살고 있다. 우리는 이번 팬데믹이 얼마나 오랫동안 지속될지 묻기 위해 지난 1918년의 팬데믹을 살펴보고자 한다. 그 예상 지속 기간—수년, 지난번에는 4년—이 이 현재를 규정하고 있다.

그러나 팬데믹은 또한 **항생제 이후 시기** 의학에서—피에르 샤르보니에(Pierre Charbonnier)가 "산업적이고 제국적인 추진력의 상속자"라고 묘사하는—후기근대적이고 도시적인 인간에 대한 "일상적 정상"의 구성에서 중대한 변화를 가져왔다.[30] 생명과 이 행성의 깊은 지구생물학적 역사—우리 몸 안팎에 존재하는 미생물의 바다—에 대한 동시적인 인식과 망각은 종종 우리의 일상적 교류의 의례적 측면에 포함되어 있었다.[31] 날씨에 대한 언급으로 서로 인사를 나눌 때 우리는 이를테면 태양, 구름, 바람, 나무, 식물, 빛과 그늘, 요컨대 행성적인 것의 작용을 잠시만 인정한 다음, 로만 야콥슨(Roman Jakobson)이 "정보적 의사소통"이라고 부른 것, 즉 우리의 실천에서 개인적이고 집단적인 인간적 목적을 진척시키는 좀더 중요한 업무와 훨씬 더 밀접하게 연결된 것으로 옮아간다. 따라서 행성적인 것은 우리가 일상생활의 좀더 중요한 업무와 분리하여 고려하고 대화를 시작하기 위해 사용하는 의례적이고 사교적인 것의 일부로 취급하는 무엇이었다.[32] 나는 "후기근대적이고 도시적인" 인간이라고 말하는데, 시골이나 토착적인 맥락에 있는 누군가에게 일조량이나 비의 부족은 더 직접적이고 명백한 결과를 초래할 수 있다.[33] 후기근대, 도시, 항생제 이후 사람의 경우 의례적 발언은 행성 위 생명을 떠받치는 모든 것의 깊은 역사적인 일과 관련하여 그들이 '정상적으로' 경험한 문화적 거리 또는 무관심의 척도였다.

그렇다면 우리에게 '정상적' 순간이란 우리가 지적으로 미생물의 존재를 부정할 수 있는 위치에 있지 않더라도 생명을 변화시키는 미생물의 일을 우리가 잊거나 무시할 수 있게 하는 순간이다. 나는 이러한 통찰을 역사가 아르빈드 엘란고반(Arvind Elangovan)이 2021년에 출간된 내 책 《행성 시대 역사의 기후》[34]를 읽으며 친절하게 공유해준 몇 가지 매혹적인 관찰에 빚지고 있다. 그는 자신의 경험에 비추어볼 때 20세기 인도인들이 쓴 편지에는 편지의 요점을 구성하는 것이 아닐지라도 쓰는 자나 받는 자의 신체적 질병에 대한 소식을 전하는 것이 얼마나 흔한 일이었는지 회상했다(엘란고반은 인도 헌법을 연구한 역사가다).[35] “암베드카르(B. R. Ambedkar)의 논문이나 라우(B. N. Rau)나 시바 라오(Shiva Rao)가 쓴 편지 등 제가 본 민족주의 지도자들의 많은 글에서 빈번히 …… 편지의 〔일부〕는 …… 그들이 얼마나 아팠는지 또는 어떻게 회복하고 있는지 기록하거나 …… 편지를 받는 사람의 건강을 〔물었습니다〕.” 그는 다음과 같이 덧붙였다. “실제로 제 어머니가 저나 친척들에게 보낸 (옛날!) 내륙 편지들에 항상 쓰시던 첫 문장은 타밀어로 ‘날람, 날람 아리야 아발(Nalam, nalam ariya aaval)’이었는데, 말 그대로는 ‘괜찮아, 너도 마찬가지라는 소식을 듣고 싶어’라고 번역할 수 있습니다.”

엘란고반은 다음과 같이 썼다. “이 순간들은 제게는 미생물, 박테리아 그리고/또는 바이러스에 대한 가장 적나라한 최소한의 인식을 (물론 대개는 의식적으로 인식하지는 못하면서) 나타내는 것으로 보입니다. 그러나 그것이 바로 그러한 것이었습니다. 그 예의 바른 문의는 곧바로 편지의 주요 의도로 이어졌습니다. 마치 모든 편지가 우리 삶의 종(種) 측면에 대한 삽입구적 인정으로 시작하여 빠르게 쓸려가고 우리 삶의 인간적 측면으로 옮겨가는 것과 같습니다! 물론 …… 그 사람이 심각하게 아프지 않다면 …… 그 물음은 곧바로 제도적인 용어로, 가령 ‘의사가 뭐래요?’, ‘병원에서는 뭐라고 해요?’ 등의 물음으로 옮겨졌습니다…….”[36]

1920년에 위대한 인류학자 브로니슬라프 말리노프스키(Bronislaw Malinowski)가 처음 언급한 의례적 발화가 인간 사이의 "친교"(위협적인 침묵의 극복)를 의미하는지 아니면 단순히 의사소통의 문제인지를 둘러싼 논쟁은 여기서 다루지 않겠다.[37] 그저 팬데믹이 우리를 둘러싸고 있는 미생물 세계에 대한 우리의 인식이 더는 의례적인 것에 포함될 수 없고 그래서 우리가 일상적 삶을 살아가면서 잊힐 수 없는 때를 내포한다는 점만을 기록하고자 한다. "안녕하세요?"라는 물음은 2020~2021년의 상황에서 대화를 시작하는 단순한 진술일 수 없었다. 우리는 종종 의사소통의 의례적 부분이 우리 시대의 낯섦을 일상적으로 나타내게 함으로써 이 점을 지적했다. 당시 내가 받은 거의 모든 이메일은 우리가 통과하고 있는 "이상한" 또는 "불안한" 시대에 대한 우려의 표현으로 시작했다. 사실 이런 우려를 표현하지 않고 이메일 메시지를 시작하는 것은 무뚝뚝한 행동으로 여겨졌을 것이다.

문제를 일으키는 바이러스가 더는 의례적인 것의 구조에 포함될 수 없다는 사실은 1970년대 미셸 푸코가 발표한 생명정치의 역사와 이론 모두에 일정하게 아이러니한 의미를 지닌다. 특정한 날, 즉 1978년 2월 8일을 상기하고자 한다. 푸코는 이미 콜레주드프랑스에서 생명권력(bio-power)과 국가의 정부화(governmentalization)에 대한 생각을 자세히 설명하는 일련의 공개 강연을 진행하고 있었다. 모든 것이 순조롭게 진행되는 것처럼 보이던 어느 날, 아마도 다섯 번째 강연을 시작하기 위해 교탁 또는 강단에 선 푸코는 몸이 좋지 않다고 느꼈다. 그는 독감에 걸린 상태였다. 그는 사과로 시작했다. "오늘은 평소보다 더 갈피를 못 잡을 것 같아서 사과해야겠습니다. 독감에 걸려서 몸이 좋지 않습니다." 하지만 그는 청중을 먼저 모이게 하고 나서 "임박해서" 돌아가라고 말하는 것에 "다소 불편한 마음"이 있었기 때문에 강연을 계속 진행하고 싶었다. 그래서 "〔자기가〕 할 수 있는 한 오래" 이야기하기로 하고 자기가 말해야 하는 것의 "양과 질 모두"에 대해 미리 양해를 구했다.[38]

그렇다면 오늘날 푸코의 범주들에 어떤 일이 일어나고 있는지 생각해보자. 생명정치는 인구의 생물학적 생명 확보에 관한 것이었으며, "정치는 실제로 생명을 조금 더 오래 지속시키는 일에 관한 것"이라는 몽테스키외의 기대를 확장한 것이었다.[39] 푸코는 '인구'라는 범주가 '자연'의 문제를 정치로 끌어들였다는 점을 분명히 했다. 그는 콜레주드프랑스에서의 1978년 강연을 1월 11일에 다음 진술로 시작했다.

> 올해 저는 제가 얼마간 모호하게 생명권력이라고 불러온 것을 연구하는 것으로 시작하고자 합니다. 생명권력으로 제가 의미하는 것은 제게 아주 중요해 보이는 여러 현상, 요컨대 인간종의 기본적인 생물학적 특징이 정치적 전략, 즉 권력의 일반적 전략의 대상이 된 일련의 메커니즘, 다시 말하면 18세기부터 서구 근대 사회가 인간이 하나의 종이라는 근본적인 생물학적 사실을 어떻게 받아들였는가 하는 점입니다.[40]

오늘날 그의 글을 읽으면, '종'이라는 단어 사용에 약간 오해의 소지가 있음을 알게 된다. 왜냐하면 그는 생물학적 종 그 자체를 구성하는 인류에 대해 말하지 않았고, 또한 자연선택과 같은 것이 결정적 요인이었을 다윈주의 버전의 종의 진화사를 쓰고 있었던 것도 아니기 때문이다.[41] 그러한 깊은 자연적-역사적 동역학은 푸코의 관심을 넘어서는 것이었다. 푸코는 인간이 생물학적 종의 구성원이라는 사실에서 기인하는 특정한 진화적 욕구와 능력—먹는 욕구, 생명을 유지하고 번식하며 노화하고 질병을 겪는 성향—을 개별적으로 지닌다고 생각했다. 하지만 인간종의 깊이 자연적이고도 생물학적인 역사가 푸코의 권력 성찰에 들어온 것은 '인구'의 건강과 삶을 관리—인구 통계 관리—하기 위한 전략의 정치적 발전에 대한 그의 관찰을 통해

서였다.

도시의 성장과 "더 많은 질병" 및 "더 많은 사망"으로 이어지는 과밀화 문제는 푸코 정식화의 핵심이었다. 그는 다음과 같이 썼다. "제가 보기에 도시가 제기한 이러한 기술적 문제와 더불어 …… 우리는 인공적 환경 내에서 인간종의 '자연성'이라는 문제가 갑자기 등장한 것을 보게 됩니다. 제게는 권력관계라는 인공물 안에서 갑작스럽게 등장한 이 문제가 우리가 생명정치, 생명권력이라고 부르는 것에 …… 근본적인 무엇으로 보입니다."[42] 삶의 통치에 관한 관심은 국가가 유행병, 질병, 기근, 사망률 관리를 위해 흉작, 기후, 곡물 공급에 대처하는 전략을 발전시켜야 한다는 의미였고, 이 모든 것이 '인구'를 푸코에게 있어 그 "자연성"을 전혀 잃지 않는 범주로 만들었다. 국가의 정치적 계산에 대한 푸코의 이해에서 인구는 거의 자율적이고 "자연적인" 사물과 같은 지위, 즉 정치적 주권의 문제를 훨씬 뛰어넘는 담론상의 제도적 체제가 관리해야 하는 대상의 지위를 획득한다.[43]

하지만 푸코는 자연적인 것이 '인구'라는 범주를 통해 정치적인 것에 들어섰지만, 생명정치적인 것에 대한 그의 설명은 자연사의 부분이 아니라는 점을 매우 분명히 했다. 결국 그는 자연에 대한 인간의 이론은 자연에 영향을 미치지 않는다고 (오늘날의 관점에서 보면 잘못된 것으로 보이지만) 주장했다. "일정한 시점부터 대지가 행성임을 알았다는 사실이 우주에서 대지의 위치에 아무런 영향을 미치지 않았다는 것은 말할 필요도 없다."[44] 하지만 국가의 "재귀적 프리즘"으로서 '인구'의 경우는 그렇지 않다.[45] 이 프리즘은 인간의 제도적 실천과 그 대상인 인구에 영향을 미친다. 그런 의미에서 '인구'는 '숲'과 같은 범주, 인간이 관리해야 하는 것이다. '숲'과 마찬가지로 '인구'는 권력의 전략을 통해 굴절된 자연의 한 부분이다. 그것은 진화의 깊은 역사에 속하지 않는다. 그렇다면 푸코에게 자연사는 궁극적으로 인간의 역사와 여전히 분리되어 있다. 엘란고반의 어머니가 편지들에 남긴 말에서처럼 다섯 번째 강연이 있던 날 푸코를 괴롭힌 바이러스는 푸코 산문의 의례적 서곡에서 그 존재를 드러냈지만 아직은 인식되지 않은 채 남아 있는 어떤 것의 흔적으로서만 우리에게 다가온다.

하지만 팬데믹으로 인해 의례적인 것이 더는 신종 코로나바이러스나 SARS-CoV-2를 억제할 수 없다는 사실이 분명해졌다. 앞에서 언급했듯이 우리는 현재 사람들에게 바이러스에 완전히 무관심한 채 어떻게 지내고 있는지 물어볼 수 없다. 생명권력 또는 생명정치의 강화, 즉 수가 급증하는 인간이 자신의 쾌락과 이익만을 위해 이 행성의 생물권을 무분별하게 가속적이고 추출적으로 동원하는 것은 이제 인간 삶의 통치 위기, 즉 생명권력 자체의 위기를 초래했다. 더 중요한 것은 우리의 삶과 미생물의 깊은 진화의 역사 사이에 존재하는 연관, 아니 차라리 얽힘이 보이게 되었다는 점이다.

따라서 팬데믹은 우리 지구사에서의 사건에 그치지 않는다. 그것은 단지 인류 번영의 거대한 가속의 예가 아니다. 팬데믹은 인간에게 종종 비극적 드라마가 펼쳐지는 형태로 우리의 점증하는 전 지구적 존재가 어떻게 우리 삶의 깊은 역사적(또는 행성적) 측면을 드러내는지 보여주는 사건이기도 하다. 신종 코로나바이러스는 진화하고 있다. 그 바이러스의 델타 변종이나 다른 변종에 대해 우리가 듣는 것은 그 바이러스의 생물학적 진화에 관한 것이다. 바이러스의 여정을 방해하기 위해 우리가 바이러스의 경로에 던지는 모든 것은 바이러스에게 진화 경로가 될 잠재력을 지닌다. 사람의 몸 그 자체는 이제 그러한 경로 가운데 하나다. 린 마굴리스(Lynn Margulis)와 도리언 세이건(Dorian Sagan)은 수십 년 전에 독자들에게 다음과 같은 사실을 상기시켰다.

> 우리 종은 …… 주인이 아니라 …… 동반자다. 우리는 우리에게 먹을거리를 주는 광합성 유기체, 산소를 공급하는 〔미생물〕 가스

생산자, 산소를 제거하고 우리의 폐기물을 전환하는 유기 영양 박테리아 및 균류와 함께 조용하고 논란의 여지 없는 동반자 관계에 있다. 그 어떤 정치적 의지나 기술적 전진도 이 동반자 관계를 해소할 수 없다.[46]

감염병 연구자들은 인간의 깊고도 언제나 현전하는 역사의 이러한 측면을 오랫동안 의식해왔다. 모렌스, 포커스(G. K. Folkers), 포시는 2004년 신종 및 재출현 감염병의 도전을 검토하는 논문을 시작하면서, 1975~1984년 미국 국립 알레르기 및 감염병 연구소 소장이었던 리처드 크로즈(Richard Krause)가 1981년 저서 《쉼 없는 조류》에서 "미생물 다양성과 진화적 활력이 여전히 인류를 위협하는 역동적인 힘"이라고 경고한 것을 떠올렸다.[47] 세 저자는 미생물의 진화가 감염병 역사에서 어떤 역할을 했는지 언급하며 논문을 마무리했다. "기저에 놓인 질병의 출현은 빠르게 진화하고 적응하는 감염원과 느리게 진화하는 숙주 사이의 진화적 갈등이다." 그들은 "이러한 갈등은 진화하는 미생물이 쉽게 적응할 수 있는 새로운 생태학적 틈새를 제공하는 환경 및 인간 행동 변화의 가속화라는 맥락에서 이루어진다"고 덧붙였다. 이것은 인간이 끊임없이 의약품과 기술을 개선하고 업그레이드해야 하는 동안, 미생물이 종종 인간의 행동으로 촉발된 상황에서 숙주를 바꾸기 위해 진화하고 관리하면서 현재도 계속되는, 끝나지 않는 싸움이다. 모렌스와 포시는 그들 자신의 글을 다음과 같이 마무리한다.

> 병원성 미생물과 인간 사이의 현재도 계속되는 갈등이 제기하는 도전은 신종 감염병(EI: Emerging Infections)과 벌인 전쟁의 유명한 투사인 〔노벨상 수상자〕 조슈아 레더버그(Joshua Lederberg)가 "미생물과 인류의 미래는 아마도 **우리의 지혜와 그들의 유전자**라고 제목을 붙일 수 있는 서스펜스 스릴러의 에피소드들로 펼쳐질 것"이라고 잘 요약한 바 있다.[48]

모렌스와 포시는 현재의 팬데믹에 대한 최근 성찰에서 이 주제로 돌아왔다. 그들은 다음과 같이 쓴다. "미생물과 인간 사이에서 진행된 고대의 투쟁에서 유전적으로 적응한 미생물은 우리를 일관되게 놀라게 하고 종종 준비되지 않은 상태의 우리를 사로잡는 데서 우위를 점한다."[49] 우리가 미생물과 싸우기 위해 발명하는 기술도 일반적으로 감염과 진화의 새로운 경로를 만들어내는 것으로 끝난다. 1930년대에 발명된 항생제는 1960년대에—크로즈의 말을 빌리자면—다음과 같은 느낌을 불러일으켰다.

> 감염에 대항한 전쟁에서 소탕 작전을 시작하는 것 외에는 할 수 있는 일이 거의 남지 않은 것으로 보였다. 항생제와 백신의 두 갈래 공격에 저항하는 것은 단지 소수의 완강하고 심각한 감염뿐인 것으로 나타났다. 후방에서 발발할 수 있는 미생물 게릴라 공격을 아무도 예상하지 못했다…….[50]

그리고 여기에는 항생제 내성 박테리아 이야기가 놓여 있다. 크로즈는 1980년대 초에 "예를 들어 오늘날 일부 감염을 치료하는 데는 2차 세계대전 당시 페니실린이 도입되었을 때 같은 감염 치료보다 40배나 많은 양의 페니실린이 필요하다"고 썼다. 그는 지친 듯이 물었다. "박테리아가 이러한 방식으로 우리의 가장 훌륭한 노력을 피할 수 있다면 미래는 어떻게 될 것인가?"[51]

미생물과 싸우기 위한 의료 전략은 결국 미생물의 진화 이야기로 끝난다. 바이러스학자 네이선 울프(Nathan Wolfe)와 그의 동료들은 "새로운 병원체의 출현은 지금 근대의 발전으로 인해 더 많은 잠재적 인간 희생자가 노출되는 것과/이나 인간 간의 전파가 이전보다 더 효율적으로 이루어짐으로써 촉진되고 있다"고 쓴다.[52] 그들은 수혈 방법이 C형 간염 확산의 통로 역할을 했고, 야생동물 고기의 상업적 거래로 레트로바이러스(RNA 종양 바이러스. AIDS 바이러스나 발암 관련 바이러스가 포함된다—옮긴이)가 퍼졌으며, 산업적 식품 생산으로 광우병(BSE)이 확산했고, 해외여행으로 콜레라가 퍼졌으며, 정맥주사로 HIV(인간면역결핍바이러스)가 확산했고, 백신 생산으로 시미안 바이러스 40(SV40, 원숭이의 발암 바이러스)이 발생했으며, 이 모든 것과 그 밖의 유사한 발전이 특히 "항생제 치료를 받은 면역억제된 노인 환자들의 취약층"을 낳은 것과 같은 결과로 이어졌다고 언급한다.[53]

모렌스와 포시는 코로나바이러스가 인간과 비교해 갖는 특별한 진화적 이점은 "끊임없이 변화하는 생태학적 틈새에 적응하게끔 빠른 진화를 허용하는 미생물의 유전적 불안정성"이라고 쓴다. 그들은 이것이 특히 "본질적으로 결함이 있거나 부재하는 폴리메라아제(DNA, RNA 형성의 촉매 효소—옮긴이) 오류 수정 메커니즘을 지니고〔다시 말하면, 자기 스스로 재생산되는 까닭에 교정 능력이 없고〕 유사종(quasi-species) 또는 종종 수백이나 수천의 유전적 변종의 무리로서 전염되는 인플루엔자 바이러스, 플라비 바이러스, 장내바이러스, 코로나바이러스와 같은 RNA 바이러스에 대해 사실"인바, 이로 인해 인간이 맞서 싸우기 어렵게 한다고 말한다.[54]

이것은 근본적으로 진화의 투쟁이다. 이것은 우리에게 호모 사피엔스라고 불리는 인간종이 그들의 능통한 기술에도 불구하고 이 행성 위에서 펼쳐지는 생명과 진화의 다윈주의적 역사 바깥에 있지 않다는 사실을 상기시켜준다. 인간에게서 감염병은 "〔미생물이〕 우리의 유전, 세포, 면역 메커니즘을 이용하여 자기의 지속적 전파를 보장하는" 미생물의 생존에 관한 것이다. 이 점을 주장하는 데서 모렌스와 포시는 리처드 도킨스(Richard Dawkins)를 참조한다. "진화는 유전자 경쟁 수준에서 일어나며, 같은 표현형을 가진 개체군인 우리 인간은 미생물과 인간 사이의 경쟁에서 단지 유전적 '생존 기계'일 뿐이다."[55] 인간의 번영은 환경 악화로 이어진다. 이것은 다양한 변종의 코로나바이러스가 자기의 저장 숙주에서 다양한 포유류 종으로 이동함으로써 숙주를 바꿀 기회를 창출하며, 그에 의해 바이러스는 다른 포유류 체내에서 활동함으로써 인간 세포에 미리 적응하게 된다. 모렌스와 포시는 "바이러스는 세포 세계에 깊은 진화적 뿌리를 지닌다"고 쓴다.[56] 그들은 "많은 박쥐 코로나바이러스가 출현하기 위해, 아마도 팬데믹으로 출현하기 위해 미리 적응해 있음을 시사하는 증거가 있다"고 덧붙인다.[57]

감염병은 우리 몸과 생명의 다른 신체적 형식들 사이에 존재하는 진화적 연관성에 관한 것이다(이는 우리가 백신을 다른 동물에게 먼저 테스트함으로써 개발할 수 있는 이유 가운데 하나다). 인수공통병원체는 인간 감염의 60퍼센트에 책임이 있으며, "인간과 다른 동물 사이에 **현재 반복적으로** 전염되는 병원체"다. 천연두·홍역·소아마비를 포함한 나머지 40퍼센트는 "과거 언젠가 인간 조상에게로 도약해야만 했던 형태로부터 유래한 병원체에 의해 발생한다." 내가 이 말들을 인용한 책 《종간 전파》의 저자 콰멘은 인간의 몸을 이 미생물이 이동하는 통로인 다른 포유류의 몸과 연결하는 점선 관계에 대해 분명히 지적한다. "우리의 **모든** 질병이 궁극적으로 인수공통이라고 말하는 것은 지나칠 수 있겠지만, 동물원성 감염병은 우리와 그 종류가 다른 숙주 사이의 지독한 원생적 연결성을 보여주는 증거다."[58]

인간과 미생물 사이의 영구적 전쟁에 대한 크로즈의 수사학은 시대에 뒤떨어지고 잘못된 것처럼 보인다. 하지만 그의 또 다른 물음, "인간이 지배하는 해안을 끊임없이 휘감고 도는 이 미생물 바다의 본성은 무엇인가?"라는 물음은 여전히 공감을 불러일으킨다.[59] "누가 진화의 운전석에 앉아 있는지는 관점의 문제일 수 있다"고 모렌스와 포시는 말한다. 미생물인가 아니면 인간인가? 생명의 미생물 형태들은 이 행성에서 38억 년 동안 지속해왔다. 호모 사피엔스는 약 30만 년 동안 존재해왔다. 모렌스와 포시는 "이러한 관점은 우리가 새로운 감염병 위협에 대해 생각하고 대응하는 방식에 영향을 미친다"고 말한다.[60]

정치적인 것을 지방화하기

라투르의 언어를 빌리자면 도시적이고 지구적인 근대의 구성에서 무언가 명시되지 않은 가정은 우리가 더는 미생물 세계를 인정하는 동시에 의례적인 것의 영역 속에 포함할 수 없을 때 붕괴했다.[61] 우리의 일상적 시간 감각은 우리에게 해를 끼칠 수 있는 미생물의 존재를 예민하게 인식할 때 달라진다. 하지만 미생물은 이 행성의 가장 오래되고 가장 중요한 거주자이며, 인간이 지금까지 해왔고 앞으로도 할 일보다 행성 위의 생명 유지에 훨씬 더 결정적인 역할을 한다. (오히려 우리는 또 다른 대멸종의 전망을 만들어왔다.) 폴 폴코스키(Paul Falkowski)는 그의 책 《생명의 엔진: 미생물은 어떻게 대지를 거주 가능하게 만들었는가》에서 "대지 위 생명의 압도적 다수는 미생물이다!"라고 쓴다. 그는 계속해서 "실제로 식물과 동물을 합친 것보다 훨씬 더 많은 종의 미생물이 존재한다"고 말한다.[62] 도로시 크로퍼드(Dorothy Crawford)는 그녀의 바이러스 입문서에서 다음과 같이 쓴다. "미생물은 지금까지 대지 위에서 가장 풍부한 생명 형식이다. 전 지구적으로 약 5×10^{30}개의 박테리아가 있으며, 바이러스는 최소한 10배 더 흔하고, 따라서 바이러스는 대지 위에서 가장 많은 미생물이다……. 바다는 지구 표면의 65퍼센트를 차지하며, 바닷물 1리터당 100억 개에 이르는 바이러스가 존재하므로 바다 전체에는 약 4×10^{30}개의 바이러스가 존재하는데, 그것들을 나란히 놓으면 천만 광년 거리에 이른다." 그에 더하여 미생물들은 "대지 위 생명 유지"에서 중요한 역할을 한다. 바다에 떠다니는 플랑크톤 개체군은 바이러스, 박테리아, 고세균(古細菌, Archaea), 진핵생물로 이루어져 있다. 크로퍼드는 또한 플랑크톤의 한 그룹인 식물성 플랑크톤(식물), 즉 "태양 에너지와 이산화탄소를 사용하여 광합성을 통해 에너지를 생성하는 유기체"는 전 세계 산소의 거의 절반을 생산하는데, 이 산소가 없으면 우리는 SARS-CoV-2 또는 그 변종에 감염되었을 때 생존에 어려움을 겪을 수 있다고 지적한다.[63]

이는 우리가 겪고 있는 생명정치적 위기의 아이러니한 본성을 엿볼 수 있게 해준다. 생명권력은 푸코가 정식화했듯이 인간의 생명을 담보로 하는 것이다. 건강·식량·주거는 그 일부다. 그러나 지난 수십 년에 걸친 생명권력의 광적인 확장—인간 역사의 거대한 가속—은 그러한 안전성을 무너뜨렸다. 항생제 이야기는 이러한 아이러니를 요약해 보여준다. 항생제를 무분별하게 남용한 결과 항생제 내성 박테리아가 진화할 수 있었다. 에드 용(Ed Yong)은 인간 마이크로바이옴(microbiome, 미생물군유전체)에 관한 그의 책에서 다음과 같이 말한다. "현대 의학의 많은 것은 항생제가 제공하는 기초 위에 세워졌지만, 이제 그 기초가 무너지고 있다."[64] 우리는 점점 더 새로운 백신으로 대응해야 하는 팬데믹 시대에 들어섰는지도 모른다. 하지만 우리는 국가 내부와 국가 간 팬데믹 관리의 정치에 대해 논의할 때—마치 바이러스가 여전히 의례적인 것 내에 포함될 수 있는 것처럼—생명권력과 주권만을 논의한다. 트럼프(전 미국 대통령)나 모디(인도 총리) 또는 스콧 모리슨(전 호주 총리)이 팬데믹을 잘못 관리했을까? 바이든은 트럼프보다 팬데믹을 더 잘 관리하고 있을까? 종교적 이유로 백신 접종에 저항하는 사람들을 관대하게 대해야 할까? 이러한 물음들은 생명권력의 물음들이다. 이러한 관점에서 위기는 생명권력의 실패이며, 소득·인종·젠더·성·영양·디지털 및 그 밖의 불평등 문제들이 정당한 쟁점들로서 나타난다. 우리는 또한 팬데믹의 전 지구적 관리와 국가적 관리의 문제가 제기될 때 (푸코가 말했듯이 생명권력과 분석적으로 구별되는) 주권의 문제에 대해서도 논의하며, 함축적으로 전 지구적 거버넌스 자체의 문제도 주목받게 된다.[65]

그러나 이 팬데믹을 통해 생명의 역사로부터 제기되는 더 큰 물음이 우리를 응시하고 있다. 호모 사피엔스는 생명 형식의 소수자다. 우리는 사르트르가 언젠가 제국주의 유럽인에 대해 말한 것을 인간에 대해 말할 수 있을 것이다. 그들은 "소수자 그 이상도 그 이하도 아니다."[66] 반면에 미생물은 생명 형식의 다수자를 구성한다. 또한 미생물은 이 행성에서 생명의 개척자이자 생명 유지의 핵심이다. 우리 몸속에서 미생물의 현존은 우리를 각각의 개별적 존재로 만들어낸다. 미생물과 인간이―그리고 기능적인 마이크로바이옴이 없는 인간은 존재하지 않는다―함께 마굴리스가 세 개의 그리스어〔'전체'를 뜻하는 홀로스(holos), '생명'을 뜻하는 비오스(bios), '존재'를 뜻하는 온토스(ontos)〕를 결합하여 "홀로비온트(holobiont)"라고 언급한 "전 생명체"를 구성한다.[67]

개별 인간과 마이크로바이옴이 전 생명체를 구성한다고 생각하는 것은 근대 정치사상의 수용된 전통의 한계에 대해 생각하는 것이다. 왜냐하면 그러한 사상은 깊은 역사, 즉 미생물이 하는 일을 포함한 행성의 지구생물학적 작업을 괄호 안에 넣음으로써―의례적인 것의 그릇 안에 넣음으로써―인간을 정치적 주체로서 정의해왔기 때문이다. 우리의 위기는 우리를 생물학자와 감염병 전문가들이 오랫동안 알고 있던 사실에 노출시킨다. 우리는 지난 100여 년 동안 마치 이 행성이 오직 인간만 번성하도록 만들어진 것처럼 행동해온 생명 형식의 소수자다. 모든 생명 형식이 인간과 비슷하다면―그리고 우리는 때때로 동물과 새의 경험적-도덕적 세계로 들어가 생각하기 위해 우리 인간의 상상력을 사용한다〔뱅시안 데스프레(Vinciane Despret)의 상상력 넘치는 철학적 작업을 생각해보라〕—인간은 아파르트헤이트 체제 동안 남아프리카공화국의 백인, 요컨대 지극히 이기적인 무자비함으로 다수를 지배하고 결국에는 모두를 위태롭게 하는 소수의 인종차별주의자와 같을 것이다.[68] 우리는 인류 전체가 자기 자신을 생명 형식의 '소수자'로 바라보고, 아렌트나 질 들뢰즈가 카프카(Kafka)론에서 우리에게 가르쳐준 종류의 소수자주의적 형식의 정치사상, 즉—소수자의 경우에 아이러니한—지배의 "다수자주의적" 꿈을 피하고 싶어 하는 사상을 지향하는 것이 과연 가능한지 알고 싶다.[69] 만약 바이러스와 박테리아가 인간이거나 인간과 비슷하다면, 바이러스와 박테리아에 대한 우리의 지식은 그들을 지배하기 위해—그리고 지배하는 과정에서—획득한 '식민주의 지식'처럼 보일 것이다. 인간 마이크로바이옴에 대한 그 밖의 자세한 정보에 근거를 둔 명민한 논의조차도 "**우리의** 이익을 위해" 그들을 "통제"하려는 너무나 인간적인, 즉 지방적이고 지역적으로 인간적인 꿈으로 끝난다.

> 우리는 미생물이 얼마나 편재하고 활력적인지 안다……. 미생물은 우리의 장기를 침식하고 독과 음식으로부터 우리를 보호하며

> 우리의 음식을 분해하고 …… 그리고 자기 유전자로 우리의 게놈을 공격한다……. 우리는 **우리의 이익을 위해 수많은 미생물을 통제**하기 시작하여 한 개체에서 다른 개체로 전체 공동성을 이식하고, 공생 관계를 **마음대로** 만들어내고 파괴하거나 심지어는 새로운 종류의 미생물을 설계하는 방법을 알고 있다.[70]

에드 용은 팬데믹 발생 전에 이 글을 썼다. 현재의 코로나 팬데믹이 우리에게 가르쳐준 것이 있다면, 그것은 인간이라는 것이 무엇을 의미하는지에 대한 프로메테우스적 이해가 심각하게 잘못되었다는 것이다. 팬데믹은 자본주의의 지구적 역사와 그것이 인간의 삶에 미치는 파괴적 영향을 증언할 뿐만 아니라 또한 이 행성에서의 생물학적 생명의 역사에서 인간이 그 숙주 저장소가 중국에서 수백만 년 동안 몇몇 박쥐였던 바이러스의 **증폭기** 역할을 하는 순간을 나타내기도 한다. 박쥐는 오래된 생물이다. 박쥐는 약 5000만 년 동안, 바이러스는 그보다 훨씬 더 오래전부터 존재해왔다. 다윈주의적인 생명의 역사에서 모든 생명 형식은 자기의 생존 기회를 늘리기 위해 노력한다. 신종 코로나바이러스는 바로 인간의 생명권력 강화 덕분에 종을 뛰어넘었다. 이 바이러스는 이제 자기를 전 세계로 퍼지게 해주는 매우 효과적인 대행자를 인간에게서 발견했다. 그 이유는 매우 사회적인 동물인 인간이 이제 그들로 붐비는 이 행성 위 대도시 밀집 지역에 매우 많은 수로 존재하고, 그들 대부분이 자기의 생활-기회를 찾느라 극도로 이동성이 뛰어나기 때문이다. 최근 수십 년 동안 인간의 역사는 무수히 많은 인류를 빈곤에서 벗어나게 할 것이라는 해방적 희망에서 전개된 세계 경제의 거대한 가속과 팽창의 역사였다. 또는 적어도 그것은 아시아·아프리카·라틴아메리카 특정 국가들의 급속한 경제성장을 뒷받침하는 도덕적 정당화였다. 하지만 바이러스의 관점에서 이러한 성장이 불러일으킨 환경 교란과 인간의 전 지구적 이동성이라는 사실은 환영할 만한 발전이었다. 이것은 의심할 바 없이 팬데믹이 다원주의적인 생명의 역사에서 하나의 에피소드이기도 하다는 것이다. 그리고 팬데믹이 불러일으키는 변화는 우리의 지구적 역사와 생물학적 생명의 행성적 역사 모두에서 중대한 사건일 것이다.

따라서 팬데믹은 우리의 존재가 깊은 역사 속에 파묻혀 있으며, 우리가 동물 및 미생물 생명과 얽혀 있다는 것을 말해준다. 바이러스는 후자의 두 가지를 매개한다. 하지만 마이크로바이옴과 우리의 연결, 즉 불행히도 (적어도 아직은) 인간적인 동시에 비인간적일 인간 이외의 또는 포스트인간의 집단적인 정치적 주체를 창조할 수 없는 연결에 대한 우리의 지식과 생명정치적 권력 형식들에 대한 인간의 관심—인간 정치에 적합한 관심—사이에는 긴장이 존재한다. 하지만 행성적 기후변화와 팬데믹이 모두 거대한 가속의 시기에 인간 영역의 전례 없는 팽창에서 발생하는 문제라는 주장을 받아들인다면, '팬데믹 시대'를 완화하기 위해 인간이 '무엇을 해야 하는가?'라는 물음이 자연스럽게 제기된다.

여기서는 라투르가 여러 곳에서 서로 다른 버전으로 언급한 요점, 가장 최근에는 《가이아와 마주하기》라는 제목의 강연에서 말한 한 구절을 상기하는 것이 도움이 될 수 있다.[71] 거대한 가속의 시기에 부와 번영을 향한 인간의 추구는 선전포고 없는 전쟁과도 같았지만, 그것은 무엇을 위한 전쟁이었을까? 라투르는 가공할 만한 상상력의 재능으로 다음과 같이 쓴다. "인류세와 함께 인간은 이제 자연이 아니라 ……와 전쟁을 벌이고 있지만, 실제로 **누구와** 전쟁을 벌이는 것일까? 나는 그 이름을 결정하는 데 많은 어려움을 겪었다." 그는 마침내 결정하고 그것을 "홀로세 시대에 살아가는 **인간**은 **인류세**의 **대지에 매인 자**와 충돌하고 있다"는 "지구사 소설의 스타일"로 제시했다.[72] "인간"은 홀로세 말기에 자기 자신을 자연과 분리된 존재로 여겼던 인간을 가리키는 데 반해, "대지에 매인 자(Earthbound)"는 인류세가 드러내고 앞의 "인간"이 그 떼려야 뗄 수 없는 부분인 인간적인 것, 비인간적인 것, 행성적인 것의 얽힘이다. 하지만 이 전쟁에서는 승리를 얻을 수 없는데, 왜냐하면 대지에 매인 자와 대지는 지배하지 않을 힘이면서 또한 지배당할 수도 없기 때문이다.[73] 우리는, 특히 여전히 근대화를 추구하고 여전히 홀로세에 있는 것처럼 행동하는 인간적 주체는 라투르가 여러 곳에서 외교라고 부른 것을 실천할 필요가 있다.[74] 인간과 대지에 매인 자가 협상 주체로서 만날 수 없는 까닭에, 나는 근대화한 지구적 인간이 실천할 필요가 있는 것은 인간적-근대적인 것의 영역을 축소하는 과정을 상상하고 실행하는 일방적 외교—이는 내 기억에 1962년 중국이 인도와의 전쟁에서 일방적으로 철수한 것과 얼마간 비슷하다—라고 제안한다.

홀로코스트에서 가족을 파괴당한 폴란드계 유대인 변호사 라파엘 렘킨(Raphael Lemkin)은 "집단학살(genocide)"이라는 말을 만들어냈다.[75] 인류는 사회학자이자 작가인 다니엘 셀러마이어(Danielle Celermajer)가 "옴니사이드(omnicide)"라는 말로 묘사하는 것, 즉 만물의 살육을 저지르기 직전이다.[76] 우리는 정당하게 물을 수 있다. 어떤 인간이? 왜 그 책임자를 구체적으로 명시하지 않는가? 때로는 그렇게 할 수 있다. 우리는 당연히 정치인, 금융기관, 기업, 정부의 실패를 지적할 수 있다. 실제로 의도적으로 다른 사람을 죽이고 파괴하고 불구로 만드는 사람들을 식별하기 쉬울 때가 있다. 그러나 셸러마이어가 지적하듯 책임을 지우기가 언제나 쉬운 것은 아니다.[77] 2020년 오스트레일리아의 화재폭풍이 발생한 첫 달에만 5억 마리의 야생동물이 죽었다. 아무도 그런 일을 적극적으로 계획하지 않았다. 대부분의 사람은 그런 일을 원하지도 않았다. 그러나 그 일은 이른바 '인위적 기후변화'가 수반하는 변화로 인해 일어났다.

셸러마이어는 이 상황을 설명하기 위해 한 이야기를 들려준다. "내가 어렸을 때 부모님은 〈누가 데이비 무어를 죽였나?〉라는 밥 딜런의 노래를 틀어주곤 했다." 동요 〈누가 울새를 죽였나?〉를 모델로 한 이 노래는 서른 살에 링 위에서 사망한 복서 데이비 무어의 이야기를 들려준다. 이 노래를 기억한다면, 당신은 코치·관중·매니저·도박꾼이 모두 "나는 아니다"라고 말했다는 것을 알 것이다. 그러고 나서 그들은 셸러마이어가 제시하듯 "그들은 그저 그들이 하는 일을 하고 있었을 뿐"이라고 설명했다.[78]

오늘날 특권을 누리는 우리 인간은 대지가 오직 인간만이 번성하도록 창조되었다고 믿는 것처럼 행동하면서, 또는 그렇게 믿지 않는다고 하더라도, 인간 영역을 확장하기 위해 하는 일을 계속하고 있다. 우리는 모두 거대한 가속이 인간 조건에 가져온 변화에—정도의 차이는 있지만—참여하고 있다. 인위적 기후변화와 팬데믹은 그 가속화와 연결되어 있다. 인간 내적인 불의의 문제나 인간적인 것과 비인간적인 것, 즉 라투르가 말하는 대지에 매인 자의 떼려야 뗄 수 없는 얽힘의 문제에 대한 물음을 시야에서 놓치지 않고서 인간의 영역을 축소할 방법을 찾는 일은 우리 인간에게 달려 있다.

2

인간을 포함한 사물들의 역사성

인류세는 지질학적인 비인간 시간 척도의 한 조각이다. 대지의 지질학적 역사를 기술하기 위해 사용되는 시대구분 도식에서 가장 작은 측정 단위인 지질학적 세(世)는 수천만 년 동안 지속될 수 있다. 지질학자들이 인류세를 공식화하는 데 동의한다면, 홀로세는 대지의 지질학적 역사에서 가장 짧은 시대 가운데 하나가 될 것이다. 그리고 우리는 아마도 이미 인류세에 있을지도 모르지만, 우리 호모 사피엔스는 인류세가 다 지나가기 한참 전에 존재하기를 그칠 수도 있다. 그런 의미에서 인류세는 인간 역사의 시대구분 장치일 수 없으며, 그렇지 않으면 우리는 대지의 역사에서 인간이 존재하는 시기와 인간 이후의 시기에 해당하는 두 개의 인류세를 만들어야 할 것이다. 다음 300~600년 안에 실제로 여섯 번째 대멸종이 일어난다면, 우리는 인류세라는 시대 명칭을 인류대(Anthropozoic era)로 업그레이드해야 할지도 모른다. 이것들은 비록 우리가 인구수, 기술, 지리적 확산, 다른 생명 형식들에 대한 지배 덕분에 오늘날 인류가 이 행성 위의 지질학적 힘이라는 모호한 영광을 획득하게 되었다는 대지 시스템 과학자들의 주장을—내가 그렇게 하듯이—받아들인다고 할지라도 인간 역사를 시대구분하기 위한 범주들이 아니다.

근대의 인간 역사라는 시대는—코젤렉(R. Koselleck)의 잘 알려진 말처럼—우리의 경험과 계속해서 확장되는 기대·우려의 지평 사이의 어딘가에 놓여 있는 우리 위치에 의해 구성된다. 이것이야말로 일부 학자들이 인류세를 자본세(Capitalocene), 플랜테이션세(Plantationocene), 경제세(Econocene)나 그와 비슷한 용어들과 같은 좀더 인간 중심적인 범주들로 바꿔 현재를 근대의 연장으로 간주하는 까닭일 수 있다. 그러나 내 생각에 이러한 움직임들은 내가 인류세의 진정한 도전으로 생각하는 것을 놓치고 있다. 그 도전은 인간주의 역사가들로 하여금 이 행성의 깊은 지구생물학적 역사의 작업뿐만 아니라 훨씬 더 중요하게는 '사물'로서 인류의 역사성에 직면하게 만든다. 물론 개인으로서 우리가 깊은 역사의 산물인 동시에 그 역사에 파묻혀 있는 것은 사실이다. 평범한 펜에서 우주왕복선에 이르기까지 어떠한 인공물도 인간이 서로 마주 볼 수 있는 엄지손가락을 가지고 있다거나 쌍안시를 가진다는 가정 없이 만들어지지 않았다. 우리는 (자유의 조건으로서) 우리 몸을 '소유'할 수 있지만, 그 몸을 설계하는 데는 무수한 세월에 걸친 진화가 필요했다. 인간주의 역사가들에게 그러한 사실들은 보통 당연한 것의 지위를 지니며 세계의 주어져 있음의 일부를 구성한다. 그것들은 전문적 과학 지식에 속한다.

세계의 이러한 주어져 있음은 이제 무너지고 있다. 매일같이 들려오는 뉴스는 우리의 화석연료 사용과 온실가스 배출, 가차없는 산림 벌채, 소비와 도시화 증가로 인해 인간이 지금 행성을 데우고 있고 바다를 산성화하며 해수면을 상승시키고 도시를 더 뜨겁게 만들며 팬데믹 시대를 열고 아마도 여섯 번째 대멸종을 앞당기고 있음을 깨닫게 한다. 이제 우리는 기술적 능력을 갖춘 인간이 행성에 미치는 영향이 이전에 생각했던 것보다 훨씬 더 크다는 사실과 행성—또는 대지 시스템—이 이전에 인간에게 나타났던 것보다 훨씬 더 유한하다는 사실을 깨닫고 있다. 다시 말하면 인간은 그 자신이 사물과 같은 존재자, 즉 행성의 지구생물학을 변화시킬 수 있는 비인간적인 행성적 힘이 되었다.

하지만 아주 최근까지 몇몇 주목할 만한 예외(그들 대부분은 인간 환경의 학자였다)를 제외하고 우리 시대의 역사가들은 인류세 가설과 그에 수반되는 시각, 즉 인류를 행성적 힘 또는 '사물과 같은' 존재자로 보는 시각에 대해 무관심하거나 심지어는 강한 저항감을 분명히 드러냈다. 대표적 사례는 하버드 대학의 저명한 역사가 찰스 메이어(Charles S. Maier)가 이전 세기에 작별을 고하는 제스처로 2000년 〈아메리칸 히스토리컬 리뷰〉에 발표한 〈20세기를 역사에 맡기기: 근대를 위한 대안적 서사〉라는 글이다.[1] 이 글은 지난 세기가 역사가들에게 어떠한 구조적 변화, 도덕적 물음, 시대구분 문제를 던졌는지를 살펴보고자 하는 학식 있고 사려 깊은 논문이다. 그러나 놀랍게도 유엔에서 정부간기후변화위원회(IPCC)를 설립하고 12년 후에 발표된 이 글에는 20세기의 문화적 사실로서 지구온난화에 대한 언급이 단 한 마디도 없다. 메이어는 독자들에게 두 차례 세계대전과 집단학살을 겪은 인류의 "어두운 역사적 경과"와 이때가 "지금까지 있었던 최악의 세기"였다는 이사야 벌린(Isiah Berlin)의 발언을 상기시키면서 이 세기가 서구에 제기한 몇 가지 도덕적 물음을 숙고한다. 그는 "근대성"이 아도르노나 호르크하이머 같은 사람들과 아시아·아프리카의 포스트식민 국가 지도자들에게 어떻게 서로 다른 의미를 지녔을지 세련된 감각의 뉘앙스와 아이러니를 가지고서 관찰한다.[2] 그러나 동서양 구분을 넘어서서 이제 20세기의 가장 큰 문제로 여겨질 수 있는 것, 즉 인위적 기후변화와 대지 시스템 학자들에 따르면 인류세의 개시라는 문제에 대한 어떠한 논의도 이 논문의 광범위한 시야에서 빠져 있다.

돌이켜보면 메이어의 글에서 놓친 기회들 가운데 하나는 근대 역사에서 '지연과 가속'이라는 주제에 대한 논의임에 틀림없다. 메이어는 다음의 특수한 점에 관한 코젤렉의 주장에 동의하지 않는다. 코젤렉은 "우리의 근대적 역사 개념은 처음에는 진보와 퇴보, 가속과 쇠퇴라는 분명히 역사적인 결정 요인에 대해 자기 자신을 입증했다"고 썼다.[3] 메이어는 이의를 제기한다. "그러나 가속은 **그 세기에 어떤 신기원적 성질을** 부여하기 위한 충분조건이 아니다."[4] 그러나 그 이의제기는 또한 메이어 논문의 최대 아이러니를 가리키는데, 왜냐하면 21세기가 시작된 지 겨우 20년이 지난 지금 우리는 이전 세기 후반이 주로 오늘날 기후과학자와 역사가들이 규정한 거대한 가속의 시기였다는 점을 다소간 받아들였기 때문이다. 그뿐만 아니라 우리는 거대한 가속과 함께 한 시대, 즉 인간의 시간 관점에서는 장대하지만, 지질학적 시기로는 짧은 인류세라는 시대가 도래했다는 사실도 받아들였다. 실제로 20세기 후반에는 심지어 우리 문명이 사라지는 것을 볼 수도 있는 사실상 매우 큰 시대의 시작이라는 **신기원적** 성질이 존재했다.

메이어처럼 재능과 학식을 갖춘 역사가가 어떻게 기후변화 뉴스를 놓쳤을까? 이것은 역사가들이 그들 자신의 시대를 이해하는 데서 직면하는 직업상의 위험을 보여주는 사례일까? 분명히 메이어의 논문을 형성한, 특히 민주주의의 미래 및 포퓰리즘과 권위주의 통치라는 두 가지 위협에 대한 그의 관심들, 20년이 지났는데도 여전히 큰 반향을 불러일으키는 그 관심들을 형성한, 역사에 대한 몇 가지 정치적·철학적 물음들이 존재했다. 그것은 실제로 20세기 후반의 인간주의적 관심들이었다. 20세기 말에 나온 메이어의 논문은 바로 근대성·근대화·민주주의라는 이념들과 이에 관련된 인간 자유의 물음이 20세기의 마지막 수십 년 동안 다양한 포스트식민주의적이고 반(反)유럽 중심주의적인 전환을 겪었을 때 그것들이 역사 이론가와 실천가들을 얼마나 사로잡았는지 상기시켰다. '자유'를 가져다줄 역사의 능력에 대한 순진한 신뢰는 지난 세기 말에 심각하게 고갈되었지만, 인간적이고 심지어는 역사학적인 투쟁은 세계를 좀더 민주적이고 근대적으로 만들고 다원적이고 다중심적인 방식으로 그렇게 하려는 더 크고 집단적인 노력의 부분으로서 파악될 때만—때때로 아무리 좌절감을 안겨준다고 할지라도—의미 있어 보였다. 해방적이고 민주적인 미래 비전에 그렇듯 강렬하게 초점을 맞추는 것이 바로 '인간의 미래'라는 개념 자체가 기후변화와 인류세라는 행성적 문제로 인해 구름 속에 가려지는 방식에 역사가들의 눈이 멀게 된 하나의 요인이었을까?

포스트식민주의 역사들과 근대성의 해방적 비전들

20세기의 마지막 40년은 역사적 서사에서 주변화되고 지금까지 대표되지 않았던 사람들, 즉 노동계급, 여성, 원주민, 그 밖의 서벌턴 집단들이 역사의 학문적 전당에 들어올 수 있었던 시기다.[5] 역사는 불리한 배경을 지닌 학생들이 전 세계적으로 확대된 고등교육을 받기 시작하자 더욱 많은 사람을 포괄하게 됨으로써 민주화되었다. 근대성 개념은 이 시기에 역사학 논쟁의 중심이었다. 그것은 20세기의 마지막 30~40년 동안 눈에 띄는 운명의 변화를 겪었고, 이는 21세기 초까지 이어졌다. 유럽 중심주의 또는 서구 중심의 역사는 그 매력을 잃었고, 유럽 중심의 근대성 개념에 토대한 시대구분에 대한 불쾌감이 그 무럽 전 지구적으로 퍼져나갔다.

이러한 정서는 캐슬린 데이비스(Kathleen Davis)가 그녀의 책 《시대구분과 주권》에서 수행한 "중세적" 또는 "봉건적" 같은 범주에 대한 지속적이고 면밀한 조사로부터 강력한 학문적 자극을 받았다.[6] 나의 스승, 인도의 마르크스주의 역사가 바룬 데(Barun De)는 1976년에 다음과 같이 발언하고서는 상처를 입지 않고서 빠져나왔다. 그는 다음과 같이 썼다. "미래의 어떤 역사가들은 …… 〔인도의〕 19세기와 20세기 초를 제3세계에서 여전히 우리를 기다리고 있는 근대의 시작이 아니라 불확실한 중세의 끝자락에 놓을 수도 있다."[7] 1990년대와 2000년대에는 그러한 진술이 절망스러울 정도로 유럽 중심적인 것으로 여겨졌을 것이다. 왜냐하면 그 주장은 만약 어떤 사람이 '근대적'이라면 그는 근대적이지 않은 누군가와 관련하여 그러하다는 것이었기 때문이다. 그 '누군가'는 곧바로 '후진적'이거나 '전근대적'이거나 '비근대적'이거나 근대화되기를 기다리는, 즉 내가 《유럽을 지방화하기》에서 표현했듯이 "역사의 대기실"에 맡겨진 존재로 여겨질 수 있을 것이다.[8]

슈무엘 아이젠슈타트(Shmuel N. Eisenstadt)와 볼프강 슐룩터(Wolfgang Schlucter)는 1998년에 "초기 근대성" 문제를 다룬 〈다이달루스(Daedalus)〉지의 한 호 서론에서, 대체로 서구적 모델을 바탕으로 한 세계의 경제적·정치적·문화적 "수렴"에 기인한 과정으로서 근대화 개념이 1960년대보다 오늘날〔1990년대에〕 "상당히 덜한 신뢰"를 불러일으킬 것이라고 지적했다.[9] 근대주의 및 근대주의자의 근대성 이념에 대한 반항 정신은 1990년대까지 모든 곳에, 즉 영미 대학의 모든 인문학 영역에 존재했다.[10] 철학자 콰메 앤서니 아피아(Kwame Anthony Appiah)는 반(半)자전적인 책인 《내 아버지의 집에서》에서 이러한 반란 정신을 담은 문장을 적었다. "근대성의 근대주의적 특성화는 도전받아야만 한다."[11] 역사가들은 그들이 '근대성'이라는 말을 포기하지 않았을 때 이 말의 사용을 민주화하여 이 통칭을 광범위한 시기(따라서 '초기 근대' 시기)에 걸쳐서나 사회 계급들 사이에 살포하는 데 바빴다. 다른 사람들은 전적으로 배타적이고 판단적이며 가식적인 근대라는 관념을 제거하기 위한 시도에서 대안적이고 다중적이며 지방적인 근대성을 발견했다.[12]

고(故) 패트릭 울프(Patrick Wolfe)는 전근대와 근대 사이의 모든 차별적 구분을 제쳐두고서 "전 지구적 산업 질서에 대한 식민주의의 중심성"이란 "소유권을 빼앗긴 원주민, 노예가 된 아프리카계 아메리카인, 연한(年限) 계약 아시아인은 공장 노동자, 관료 또는 대도시 중심부의 게으름뱅이만큼이나 철저하게 근대적"이라는 것을 의미한다고 주장했을 때 많은 역사가를 대변한다.[13] 그 정서는 고귀했다. 그러나 이 이질적인 인물들이 모두 **똑같이** 근대적이고 철저히 그러했다면, 분명히 그들의 근대성은 그 교육 수준, 도시성 또는 다른 형식의 문화적 자본에서의 차이와는 거의 관련이 없었다. 그렇다면 그들은 어떤 의미에서 **똑같이** 근대적일 수 있었을까? 그 당시 '근대'는 단순히 '전 지구적 산업 질서'의 동의어였고, 그 질서 속에 사로잡힌 사람들은 정의상 '근대적'인 존재로 취급받아야 했을까? 역사가 산자이 수브라마니얌(Sanjay Subrahmanyam)은 이와 관련된 주장을 펼쳤다.

> 근대성은 역사적으로 전 지구적이고 **복합적인** 현상이다……. 그것은 지금까지 상대적으로 고립된 사회들과 접촉하게 한 일련의 역사적 과정 안에 놓여 있으며, 우리는 그 뿌리를 몽골의 세계 정복의 꿈, 유럽의 탐험 항해, 디아스포라에서의 인도 직물 상인의 활동, '미생물의 지구화'와 같은 일련의 다양한 현상에서 찾아야만 한다.[14]

식민지 이전 인도를 연구하는 역사가 존 리처즈(John F. Richards)는 2003년에 '근대'라는 시대구분 범주의 사용을 옹호하는 또 다른 시도를 했는데, 특징적인 점은 '초기'라는 수식어 추가였다. 〈초기 근대 인도와 세계사〉라는 논문에서 리처즈는 초기 근대성으로 자기가 의미하는 바를 명확히 했다. "〔1500~1800년에〕 인류 사회는 그 범위와 강도에서 전례가 없는 여러 가지 전 세계적인 변화 과정을 공유했고 그로부터 영향을 받았다. 나는 이 시기를 초기 근대라고 부른다." 초기 근대라는 명칭은 인도를 덜 "예외적이고 독특하고 이국적"이며 덜 "세계사로부터 분리된" 것으로 보이게 하는 까닭에 "무굴"이나 "중세 후기"보다는 한결 나았다.[15] 리처즈는 "초기 근대"가 1500~1800년 시기 "전 지구적" 발전을 가리킨다고 설명했다. "적어도 여섯 가지의 서로 구별되지만 상호 보완적인 대규모 과정들이 초기 근대 세계를 정의한다." 그 과정들은 다음과 같다. (1) 유럽인들의 "탐험, 지도 제작, 보고"로 이어진 "전 지구적 항해", (2) "진정한 세계 경제의 부상", (3) "방대하고 안정적인 국가들과 그 밖의 대규모 복합적 조직들의 성장", (4) "세계 인구의 2배 증가", (5) 원주민 사회의 파괴 또는 이주를 포함한 "토지 이용의 강화", (6) "여러 가지 신기술— …… 신세계의 농작물, 화약, 인쇄술의 확산—과 이에 대한 초기 근대 세계를 관통한 조직적 대응".[16] 베일리(C. A. Bayly)의 권위 있는 저작 《근대 세계의 탄생, 1780~1914》는 국민국가의 부상, 전 지구적 연결망의 "대규모 확장", 산업화와 도시화 등이 "인간 사회 조직의 단계적 변화"를 구성할 정도로 "아주 빠른" 변화를 의미하며, 따라서 "근대 세계의 탄생"을 구성하는 것으로 여겨질 수 있다고 주장함으로써 그 논리를 20세기까지 확장한다.[17]

리처즈와 베일리의 목록은 그 자체로 통신의 확대, 국가와 인구의 성장, 토지 이용의 강화, 원주민 사회의 파괴, 신기술의 확산을 담고 있었다. 한마디로 우리는 식민화-근대화라는 혼종적 표현을 만들어낼 수 있을 것이다. 요컨대 이 시기는 초기 근대 인도 역사가들이 근대화에 전 지구적일 뿐만 아니라 장구한 식민지 이전의 과거를 부여한 시기였다. 여기에는 많은 가치가 있었다. 실제로 수브라마니얌의 말을 빌리자면, 역사들이 어떻게 "연결"되어 있는지 볼 수 있게 했다. 그리고 인도와 같은 나라를 세계사에서의 장기적 파트너로 만들었다. 그러나 어떤 의미에서 근대화(즉, 다시 울프의 표현으로 돌아가자면 "전 지구적 산업 질서")는 근대성과 같은 것이었으며, 어떻게 그것은 식민지 이전 인도에 "초기 **근대**"라는 명칭을 붙일 수 있게 하는 것일까?

마르크스와 같은 유럽 사상가라면 이 물음에 답하는 데 아무런 문제가 없었을 것이다. 그에게 근대란 단순히 산업 생산이나 근대화의 동의어가 아니었을 것이다. 그에게는 자본주의 또는 근대화를 그 이전에 나타났던 것보다 인류 역사의 진보라고 생각할 만한 매우 특수한 이유가 있었으며, 그 이유는 인간 해방이라는 그의 철학적 비전의 일부분이었을 것이다. '해방' 이념은 그 개념적 동족어, 즉 인류 역사에서 비슷한 영감을 불러일으킨 전 지구적 이념인 '자유'와 마찬가지로 많은 뿌리를 지닌다. 그 뿌리들 가운데 많은 것은 적어도 우리가 '노예 해방'에 대해 듣게 되고 그 세기 후반에는 마르크스주의와 자유주의의 철학적 전통에서 생각하는 '자유'에 대해 듣게 되는 19세기로 거슬러올라간다. 위르겐 오스터함멜(Jürgen Osterhammel)은 19세기를 무엇보다도 우선 "해방의 세기"라고 특징짓는다. 그러나 그는 이 시기가 "해방"이라는 말이 "로마법에서 파생되고 뚜렷이 유럽적이었으며, 전체로서의 세계에 거의 적용될 수 없었던" 시기였다고 설명한다.[18] 따라서 마르크스의 철학적-경제학적 범주인 '자본'에는 (임금노동이 수반하는 법적 계약이라는 개념을 통해서뿐만 아니라 추상적 노동이라는 개념을 통해) 법적 평등이라는 이념이 내재해 있었던바, 그것은 자유에 대한 그의 비전을 향한 한 걸음 전진인 권리 보유 시민의 모습을 예시하는 것이었다. 그리고 유럽 중심주의라는 오늘날의 비난에 대해 마르크스는 자신의 철학에 "부르주아적-유럽적" 범주들에 주어진 일정한 우선권이 실제로 존재했다는 데 동의했을 것이다.[19] 그러나 마르크스의 선택지는 단적으로 유럽 중심주의를 비난하고 포기한 역사가에게는 가능하지 않았다.

이매뉴얼 월러스타인(Immanuel Wallerstein)은 이 인간 해방이라는 주제와 관련하여 근대화와 근대성의 분석적 차이에 대해 유용한 설명을 제공한 적이 있다.

> 첫 번째 것은 기술적 혁신의 촉진을 통한 이른바 자연에 대한 인류의 승리다. 두 번째 것은 정치적 폭정, 성직자적 편협함, 경제적 예속에 대한 성공적 저항을 통해 인류가 자기 자신에 대해 또는 적어도 억압적 형식의 인간적 특권과 권위에 대해 거둔 승리다.[20]

우리는 "자유지상주의적" 또는 해방적 프로젝트가 첫 번째 프로젝트, 즉 근대화의 기술적 프로젝트와 관련하여 일종의 유럽적 자기반성성을 구성했다고 말할 수 있을 것이다.[21] 유럽의 초기 근대가 중요한 것은 부분적으로 17~18세기의 정치철학 논쟁이 그 후에 이어진 근대성에 대한 모든 논의와 계속해서 관련이 있기 때문이다.[22] 홉스와 스피노자는 초기 근대의 다른 사례에서 유사한 것을 찾을 수 없는 방식으로 여전히 민주주의 논쟁과 관련성이 있다.[23]

하지만 근대성으로 나아가는 어떤 종류의 유럽적인 **특수한 길**(Sonderweg: '존더베크' 테제는 일반적으로 독일의 근대화 과정이 유럽의 통상적 사례와 구분되는 특수한 경로로 이루어졌다는 주장이다. 여기서는 유럽의 근대화 및 근대성 추구 경로가 그 과정의 특수한 도정으로 이해되어야 함을 말한다—옮긴이)을 유럽 밖에서의 근대화 및 근대성의 역사를 이해하기 위한 청사진이나 표본으로 취급하는 것을 거부하면서도, 20세기 후반의 새로운 비서구 역사학은 여전히 월러스타인이 설명한 쌍둥이 해방 이념에 매달렸다. 한나 아렌트는 사후에 출간된 강연 가운데 하나인 "자유로울 수 있는 자유"에서 이러한 유산이 20세기 후반에 지니는 의미를 명확히 표현했다. 아렌트는 18세기 말과 19세기의 혁명들로 거슬러올라가 공포로부터의 자유와—오늘날의 용어로—빈곤으로부터의 자유 사이에는 근본적 관계가 존재한다고 가정했다. "자유를 위해 자유롭다는 것은 무엇보다도 우선 공포에서뿐만 아니라 결핍으로부터도 자유롭다는 의미였다."[24] 20세기 중반에 아시아와 아프리카에서 반식민주의 운동과 혁명 운동을 추동한 것은 '백인'을 두려워할 필요가 없는 자유와 기아·빈곤으로부터의 자유에 대한 복합적 열망이라는 이중 엔진이었다.

1955년 반둥 회의('아시아-아프리카 회의'로도 불리며 인도의 네루, 인도네시아의 수카르노, 중국의 저우언라이, 이집트의 나세르가 중심이 되어 인도네시아 반둥에서 개최된 회의다. 서방과 동방의 어디에도 속하지 않는 제3의 입장을 관철하려는 기본 지향 아래 모든 인류의 평등과 모든 나라의 평등한 발전을 추구했다—옮긴이)는 이러한 목적론적 미래관, 즉 한 국가가 다른 국가를 지배하지 않고 더 많은 성장과 발전을 거듭하는 세계에 대한, 새로 발견된 매우 불안정한 비전에서 비롯되었다.[25] 이것은 또한 다른 전 지구적 국제 체제에 대한 상상력, 즉 식민지 피지배자들이 유럽 계몽주의를 바탕으로 내놓은 주장으로 추동하는 상상력이기도 했다. 예를 들어 에메 세제르(Aimé Césaire)는 유럽의 지배가 없는 세계의 유럽화 프로젝트를 생생하게 그려냈다.

> 나는 식민주의 유럽이 식민지 체제하의 특정 분야들에서 이룬 명백한 물질적 진보를 가지고 식민화 활동을 정당화하는 건 정직하지 못하다고 주장한다……. 〔그러나〕〔아시아와 아프리카의〕 유럽화는 (일본의 예가 입증하듯이) 유럽의 **점령**과 전혀 관련이 없었다……. 그 증거는 현재 학교를 요구하는 것은 아프리카와 아시아의 토착민이고 그것을 거부하는 것은 식민주의 유럽이라는 점, 항구와 도로를 요구하는 것은 아프리카인이고 이 숙원에 대해 인색한 것은 식민주의 유럽이라는 점, 앞으로 나아가고자 하는 것은 식민화된 사람이고 이를 가로막는 것은 식민지 지배자라는 점이다.[26]

프란츠 파농은 아마도 이러한 상상력의 가장 설득력 있는 대변자일 것이다. 그는 다음과 같이 썼다. "인류의 주요 문제에 대한 모든 해결책은 유럽 사상 속에 한 번쯤은 존재했다. 그러나 유럽인들은 주어진 사명에 따라 행동하지 않았다……. 오늘날 제3세계는 유럽을, 계획을 추진해 문제들을 해결할 수 있어야만 하는 하나의 거대한 덩어리로서 마주하고 있다……. 유럽은 그 해답을 찾을 수 없었다."[27] 이것은 반식민주의적이고 근대화하는 상상력, 즉 자신이 유럽에 진 빚을 온몸으로 인정하면서도 자기의 주권적이고 반식민주의적인 가치를 주장하는 상상력의 새로운 전 지구적 비전이었다. 그것은 그야말로 인간 중심적이긴 하지만 단호하게 제국주의에 반대하는 것이었다. 내 생각에 해방은 1950년대와 1960년대에 새로운 비서구적 삶을 시작했다.

이른바 서구 바깥에서, 즉 중국과 인도와 세계의 다른 곳에서 중산층의 성장은 모든 곳에서 같은 활기를 띠며 추구되지는 않았지만, 고삐 풀리지 않는 경제성장을 정당화하는 모든 진술에서 계속해서 수사학적으로 매우 중요한 위치를 차지하는 명백한 우선순위에 기반하여 진술되었고 지금도 그러하다. 이것은 대량 빈곤을 퇴치하는 문제였다. 덩샤오핑을 연구한 미국 정치학자 마리아 시아 창(Maria Hsia Chang)은 덩이 중국 공산주의의 "근본적 목적"을 "생산력 해방을 통한 빈곤 퇴치"로 이해했다고 지적한다.[28] 우리는 인도의 네루에 대해서도 마찬가지로 말할 수 있는데, 그가 댐 건설과 전력 및 관개 사업을 적극 추진한 것은 영국 식민 통치 기간에 잦은 기근 발생에 시달리던 "굶주린 수백만 명"을 먹여 살리기 위한 바람에서 비롯되었다.[29] 대량 빈곤 그 자체는 근대성의 산물이다. 위생, 공중보건 전략, 항생제를 포함한 의약품, 유행병과 전염병의 통제, 1960년대 후반의 녹색 혁명—즉, 화석연료 형식의 값싼 에너지에 대한 접근으로 뒷받침된 조처—은 더 많은 빈곤층이 삶의 질에서 어떤 중요한 개선 없이 생존할 수 있도록 했다. 대량 빈곤은 1950~1960년대 이 신생 국가들에서 경제성장·개발·근대화—이 용어들 각각은 이 신생 국가들의 역사가 어디로 향해야 하는지 그 의미를 부여했다—를 통해 해결해야 할 첫 번째 과제로 떠올랐다. 이것은 '해방'을 향해 가는 도정으로서의 근대화 비전이었다. 인도의 불가촉천민 카스트인 달리트의 카리스마 넘치는 지도자 암베드카르에게 귀를 기울여보자.

> 기계와 근대 문명은 …… 짐승의 삶을 영위하던 인간을 해방하고 인간에게 여가를 제공하며 문화적 삶을 가능하게 하는 데 없어서는 안 된다……. 민주주의를 믿지 않는 사회는 기계와 그에

기반한 문명에 무관심할 수 있다. 그러나 민주주의 사회는 그럴 수 없다……. 민주주의 사회의 구호는 기계 그리고 더 많은 기계, 문명 그리고 더 많은 문명이어야만 한다.[30]

이 비전은 20세기 후반에 지구화 이념의 일부분이 되었고, 중국의 덩샤오핑과 인도의 만모한 싱(싱은 인도가 1991년 경제를 자유화했을 때 재무부 장관이었고 이후 총리가 되었다) 시대에도 여전히 눈에 띄는 진지함을 견지하고 있었다. 이러한 진지함이 이후 지도자들에게서는 권위주의와 자기기만으로 변질됐지만, '대중에 대한 의무'라는 유산은 여전히 중국과 인도 정권이 자국 내에서나 전 지구적으로 추구하는 정당화의 핵심이다. 이것이 내 요점이다. "우리는 수많은 사람을 빈곤에서 벗어나게 하려면 화석연료가 필요하다"는 호소의 수사학이 전 지구적으로 힘을 발휘하는 것은 해방 이념이 여전히 특권층의 양심에 작용하는 매력 때문이다〔기술의 미래를 꿈꾸는 자들로서 빌 게이츠(Bill Gates)와 일론 머스크(Elon Musk)를 비교해볼 수 있을 것이다〕.

1989년은 서방과 동방을 특징짓는, 자유와 해방의 서로 연결되어 있지만 상이한 비전을 극적으로 보여주었다. 그것은 서방 민주주의 국가들에게 베를린 장벽 붕괴의 의미에 관한 것만이 아니라, 같은 해 천안문 광장 시위에 관한 것이기도 했다. 브뤼노 라투르가 최근 글에서 물었듯이, 자본주의적이고 자유주의적인 민주주의를 냉전의 의심할 여지 없는 승리자라고 선언한 역사철학자들이 인위적 기후변화 문제를 보지 못한 것은—자기만족에 빠진 서구를 대신하여—너무 많은 "도덕적 명확성"을 지녔기 때문 아닐까?[31] 그러나 우리는 서구 외부의 지식인들이 왜 기후 문제를 진지하게 받아들이지 못했는지 그 이유를 설명하기 위해 서구 편에서의 도덕적 명확성을 불러낼 수 없다. 결국 식민화된 사람들과 유럽 제국에 대한 서구의 비판자들은 서구의 "도덕적 명확성"이 모든 식민지 침략에 수반하며 그 침략을 정당화했기 때문에 그것이 얼마나 결함이 있고 오해하기 쉬운 것인지 언제나 잘 알고 있었다. 1980년대 후반과 1990년대가 비서구 세계와 포스트식민주의 사고에서 여전히 중요한 까닭은 이전에 주변화되었던 사람들의 권리를 인정할 수 있는 비전과 그 기회가 커지면서 해방 열망의 새로운 지평이 열렸기 때문이다. 《대지의 저주받은 자들》(프란츠 파농)을 읽는 것이 《침묵의 봄》(레이첼 카슨)을 읽는 것보다 더 의미 있고 긴급해 보였다. 멕시코에서 발명된 다수확 밀 품종 이야기가 《성장의 한계》의 경고 메시지보다 더 흥분시키는 일로 보였다.[32] 사실 라투르의 《우리는 결코 근대인이었던 적이 없다》는 1991년에 출간되었고 "근대성"과 그가 "근대의 헌법"이라고 부르는 것에 대한 심오한 비판을 제기했다.[33] 그러나 이 시기는 또한 포스트식민주의 비평이 1978년 에드워드 사이드(Edward Said)의 《오리엔탈리즘》 출간을 시작으로 1982년 인도에서의 《서벌턴 연구》, 1986년 파르타 차테르지(Partha Chatterjee)의 《민족주의 사상과 식민 세계》, 가야트리 스피박(Gayatri Spivak)의 논문 〈서벌턴은 말할 수 있는가〉의 출간뿐만 아니라 1994년 호미 바바(Homi K. Bhabha)의 《문화의 위치》와 곧이어 1996년 아르준 아파두라이(Arjun Appadurai)의 《고삐 풀린 현대성》의 발표로 그 절정에 도달하던 시기였다.[34] 2000년에 출간한 내 책 《유럽을 지방화하기》는 이러한 움직임의 최종 단계였다.

1990년대 포스트식민주의 사상은—국민국가와 인종-계급 구성체에 대한 비판에도 불구하고—반식민주의적 근대화 민족주의만큼이나 환경적으로 맹목적이었다. 그것은 근대성과 세계의 근대화를 당연시했다. 반면 근대성에 대한 라투르의 비판과 라투르주의적 비판은 디지털 혁명이 가능하게 한 성장과 근대화 및 소비 민주화에 대한 포스트식민주의적 욕망과 연결되지 않았다. 이제 '자연'과 '문화'를 근본적으로 구별하는 문명과 그렇지 않은—주로 토착적—문명 사이의 거대한 인간학적 충돌을 서사의 중심에 둔 라투르나 필리프 데스콜라(Philippe Descola)가 개시한 비판은 아시아·아프리카·라틴아메리카의 반식민주의 '근대'를 독창적이지 않고 유럽에 있는 자기 선행자들의 퇴색한 복사본으로 간주했을 가능성이 있다. 그러나 포스트식민주의 학문은—실제로 《서벌턴 연구》 집단, 스피박, 바바, 아피아 등의 저작들에서 볼 수 있듯이—바로 반식민지 근대화론자들이 해방적 욕망에 '파생성'이나 '모방성'을 부여하는 데 저항하는 것이었다. 다음 장에서 살펴보겠지만 이 논쟁은 해결되었다기보다는 잊혀왔다.

대기에 더 많은 온실가스와 미세먼지가 쌓여감과 동시에 전 세계 소비 계급의 규모가 커지고 있었으며, 중국 같은 곳들에서 수많은 사람이 빈곤에서 벗어나고 있었고, 더 중요하게는 이전에 식민화되고 노예화되었으며 혜택을 받지 못하고 주변화된 사람들의 후손이 새로운 유산계급 대열에 합류하고 있었다. 서구 내에서 그 투쟁은 주로 인종차별에 반대하고 흑인과 원주민 그리고 그 밖의 소수자 권리를 위한 투쟁으로 여겨졌지만, 안타깝게도 민주주의에 대한 새로운 감각을 불러일으킨 이 투쟁은 가려져 있는 행성적 환경 위기에 대한 인식을 호소하는 것은 아니었다. 이러한 인식은 위기가 더 심화하고, 이를테면 우리에게 밀어닥칠 때까지는 보이지 않을 것이다. 내가 《서벌턴 연구》의 동료들과 공동 작업할 때 내 자신의 생각에서도—더 많은 권리와 다가올 민주주의를 향한—인간 역사의 앞으로 나아가는 행진은 (내 자신에 대해 말하자면) 나의 포스트식민주의적 사고 행렬이 2009년에 〈역사의 기후: 네 가지 테제〉[35]를 발표하며 2000년대의 행성적 상황과 충돌할 때까지 자연의 세계를 곧바로 지나쳤다.

'근대' 역사철학에 대한 도전으로서 인간-사물

메이어의 2000년 논문은 근대화의 증대가 실제로 "더 많은" 근대성, 즉 추론과 판단을 위한 반성적 능력에 의해 정치 영역 형성으로 이어질 것이라는 믿음이 소진되었다는 신호로 읽힐 수 있다. 그러나 이러한 문제 제기의 어두운 분위기 속에서도 근대성, 이성, 편견 그리고 데리다가 "다가올 민주주의"라고 부른 이념을 둘러싼 논쟁의 일정한 유산이 빛나고 있다.[36] 이것은 앞에서 논의한 인간 역사의 다양한 해방적 비전의 유산이지만, 이러한 유산은 인간 역사를 '자연'의 역사나 '사물'의 역사에서 분리하고 고립시킨 채로, 이를테면 그 자체로 고려함으로써만 유지될 수 있다.

나는 해방을 강조한 표준적 역사철학이 오늘날 위기에 처해 있다는 라투르의 주장에 동의한다.[37] 하지만 나로서는 내가 역사학의 특수한 흐름과 그 유산에 관해 이야기한다는 점을 분명히 하고자 한다. 나는 제2차 세계대전에 뒤따른 탈식민화 시대의 근대성과 근대화를 다룬 역사학 문헌에 관해 이야기하고 있다. 또한 '역사철학'이라는 표현의 내 용법도 얼마 전에 코젤렉이 지적했듯이 역사라는 이 학문 분과가 이것의 역사나 저것의 역사가 아닌 근대적 의미에서 일반적 현상으로 이해된 후에야 등장할 수 있는 사상의 매우 특별한 유산을 가리킨다.[38] 내가 언급하는 것은 전체로서의 역사 움직임의 본성 탐사에 관한 것이었던 세속적 역사철학이다. 이것은 역사를 관조적으로 읽거나 쓰는 행위, 즉 계몽주의 시대와 그 이전에 역사가들이 때때로 종사한 활동과는 달랐다. 예를 들어 마키아벨리는 리비우스를 읽을 때 고대인들이 역사 기록을 활용하듯 리비우스를 이용했다. 마키아벨리는 개인적이거나 집단적인 정치적 삶에 대한 교훈을 얻기 위해 역사를 읽었다. 따라서 마키아벨리의 텍스트에서 무작위로 가져온 예를 제시하자면 다음과 같다.

> 나는 티투스 리비우스의 역사서에서 도움을 얻을 셈으로 이것을 읽고 있다. 나는 로마인과 원로원의 모든 행동 방식이 주목할 만한 가치가 있다고 생각한다. 그리고 무엇보다도 우선 그들이 얼마나 충분한 권한을 가지고서 그들의 집정관, 독재자 그리고 군

> 대의 다른 대장들을 파견했는지 주목할 필요가 있다. 우리는 그들 모두가 최대한의 권력을 부여받았음을 발견한다……. 내가 이 문제에 관해 생각해본 것은 베네치아와 피렌체 같은 우리의 근대 공화국들이 그것을 다른 시각으로 바라보기 때문이다……. 그것은 이탈리아를 현재 상태로 만들었다.[39]

1776년에 기번(E. Gibbon)이 《로마 제국 쇠망사》 첫 권을 출간하고 타키투스를 "사실에 관한 연구에 철학이라는 학문을 적용한 최초의 역사가"라고 묘사했을 때도 이는 칸트나 헤겔 또는 마르크스가 나중에 우리에게 역사철학으로 생각해보도록 가르친 것과는 달랐다.[40] 기번의 설명에서나 다른 방식에서 타키투스는 계급투쟁 관점에서든 이성의 책략 관점에서든 인간 역사의 거대한 목적을 밝혀내려고 했던 사람이 아니다. 그는 오히려 《게르마니아》를 통해 기후가 국가 역사에 미치는 영향이나 문명인과 야만인의 구별과 같은 더 큰 일반화에 대해 기번이 생각할 수 있게 해준 사람이었다. 따라서 기번은 다음과 같이 쓴다. "타키투스 시대에 게르만인은 문자 사용에 익숙하지 않았다. 그리고 문자 사용은 문명화된 민족과 지식이나 반성이 불가능한 야만인 무리를 구별하는 주요한 사실이다."[41] 이것은 기번이 역사를—단순히 기술하는 것과는 다른 것으로서—"성찰"하는 것이라 불렀던 것의 한 예다. 그것은 당대의 고대 애호가들에 대한 기번의 투쟁, 즉 모밀리아노(A. Momigliano)가 얼마 전에 지적했듯이 근대 역사 분과가 출현할 때 중요했던 투쟁에서 그를 도와주었다.[42]

기번은 계몽의 역사를 쓰고 있었고, '철학'이라는 말은 이 시기에 역사에 적용될 때는, 포콕(J. G. A. Pocock)이 《야만과 종교》라는 최근 저서에서 매우 박식하게 보여주었듯 특수한 의미를 획득했다. 포콕은 '철학'이라는 말이 "17세기 말에" 사용되었을 때 "언제나 자연과 지식에 대한 체계적 사유를 가리키는 것은 아니었다"고 상기시킨다.[43] 그것은 "시민의 정신적 태도, 이성에 대한 개방성, 광신도 그 가운데 하나인 열정을 통제하려는 열망"을 표현했다. "그러나 〔종교전쟁을 고려할 때〕 명백히 평화를 촉진하는 의미에서 그것은 전투적 계획과 이데올로기의 기초가 되었다."[44] 철학은 모든 사회에서 사회적 관습, 도덕, 문명 문제에 관한 관심으로 발전했다. 포콕에 따르면, 우리가 '역사철학'이라는 표현을 빚지고 있는 볼테르가 바로 그 이름으로 책을 썼고 그 글은 저서 《루이 14세 시대》의 서문으로 쓰려던 것이라고 한다.[45]

그렇다면 분명히 이 논의에서 쟁점은 볼테르가 지칭한 '역사철학'이 아니다. 역사가의 기예에 대한 논의가 아니라 전체로서 인간 역사의 과정과 움직임을 반성하는 활동인 역사철학은 (물론 이 둘은 서로 연결되어 있다) 100년 이상 다양한 모습으로 세계를 지배해온 인류의 미래에 대한 일군의 '진보적' 사상들에서 유래한다. 우리는 이 전통의 다양한 뿌리를 찾을 수 있지만, 관련된 것들 가운데 몇 가지는 확실히 헤겔의 사상으로 거슬러올라간다.[46] 그러나 이 전통은 19세기 후반에 진보라는 이념(마르크스주의는 그것의 한 변형이다)에서 자기의 정당한 지위를 얻으며, 20세기에는 '산업화', (사회주의적이든 아니든) '근대화', '개발' 등의 다양한 이름 아래 서로 다른 형태와 크기로 나타난다. 여기서 핵심적인 지적 문제는 얼마 전 페터 바그너(Peter Wagner)가 지적했듯이 역사가 어떤 "철의 법칙"과 같은 것에 의해 전진한다는 문제가 아니라 인간의 "자유", 즉 인간 이성이 역사 속에서 자기 스스로 찾을 수 있는 "자율"의 양의 문제였다.[47] 그리고 이것은 필연적으로 인간의 역사와 대상 및 사물의 역사를 분리했다. 이것은 우리가 이제 묻기 시작한 결정적으로 중요한 움직임이었다.

카를 뢰비트(Karl Löwith)의 《역사에서의 의미》(1949)와 콜링우드(R. G. Collingwood)의 《역사의 이념》(1946)은 그러한 철학에 관한 20세기 중반의 대표적 텍스트다. 두 책 모두 '역사철학'이라는 표현을 볼테르가 만들었지만 그 의미는 19세기에 바꿔었다고 인정한다. 뢰비트는 그에 더하여 계몽주의 이후의 역사철학에서 고전적 그리스인들에 대항한 유대적-그리스도교적 이상과 논증들의 일정한 세속화를 본다. 물론 이것은 복잡한 텍스트를 난폭하게 요약해 기술하는 방식이지만, 내가 강조하고 싶은 것은 1950년대 이후 근대성과 자유에 대한 포스트식민주의적 논의가 유럽 사상의 분명한 전통으로부터 계승한 인간/사물 또는 인간/비인간의 구별이다. 인류세라는 생각은 인간도 일정한 존재 양식에서는 행성적 힘 또는 '사물'이라고 주장함으로써 우리의 표준적 근대성의 철학적 역사에서 핵심적이고 근본적인 이 구별에 도전한다.[48]

돌이켜보면, 베네데토 크로체는 모든 역사가 현대사라고 최초로—적어도 20세기에—주장한 사람인 까닭에 1950년 이후 영어권에서 포스트식민주의 역사 쓰기의 수호성인으로 여겨질 수 있다. E. H. 카가 단순화하여 주문으로 만든 이 주장은 20세기 후반에 (1970~1980년대에 회자한 "나의 경험이 나의 역사"라는 슬로건과 같이) 과거에 대한 많은 포스트식민주의 사고의 표어가 되었다.[49] 모든 역사가 현대사라는 주장은 역사가 인간이 관여하는 매우 제한된 시간 감각에 제약된 전적으로 인간의 기획이며, 자연적이든 인공적이든 대상들은 결코 인간이 지니는 것과 같은 의미에서 역사를 지닐 수 없다고 가정할 때만 성립할 수 있다.

인간과학과 자연과학의 분리는 이미 장밥티스트 프레소(Jean-Baptiste Fressoz)와 파비앙 로세(Fabian Locher)가 지적했듯 19세기 말 무렵에 공식적이고 학문적인 모습을 띠게 되었다.[50] 그러나 이러한 단절에 대한 초기 정당화는 크로체의 몇 가지 설명에서 쉽게 찾아볼 수 있다. 크로체는 〈'자연의 역사'와 역사〉라는 글에서 '자연의 역사'는 "오직 이름에서만 그러하다"고 주장했는데, 왜냐하면 자연사는 주로 분류를 실행하기 때문이라는 것이다. "자연이 역사를 지니지 않는다는 말은 생각할 수 있는 이성적 존재로서의 자연은 역사를 지니지 않는다는 의미에서 이해될 수 있는데, 왜냐하면 그것은 실재하지 않기 때문이거나 차라리 실재적인 것은 아무것도 아니기 때문이다……. 실재란 단적으로 발전과 생명이다."[51] 크로체는 "인간 역사에도……" "자연사"가 존재하지만, 우리는 그것을 다시 역사로 전환할 수 없다고 인정했다. "당신은 리구리아나 시칠리아 신석기인의 참된 역사를 이해하고 싶은가?"라고 그는 물었다. 그의 대답은 다음과 같다. "그것이 가능하지 않다면, 또는 당신이 그렇게 하고자 하지 않는다면, 그 신석기인들에게 속하는 일련의 머리뼈, 도구, 암각화를 설명하고 분류하고 배열하는 것으로 만족하라."[52] 그에게 이것은 '풀잎'의 역사를 이해하고자 하는 것과 같았다. 그는 "무엇보다도 당신 자신을 풀잎으로 만들려고 시도하고, 성공하지 못하면 그 부분들을 분석하고 그것들을 일종의 상상적 역사에 배치하는 데 만족하라"고 권유했다. 이것이야말로 역사가 "**현대적**"이고 (자연이 가질 수 있는) 연대기가 "**과거** 역사"인 이유라고 그는 되풀이했다.[53]

크로체의 이 특별한 글과 나중에 출판된 또 다른 글에서 우리는 크로체에게 있어 자연사와 인간사의 구별이 1903년 하이델베르크에서 열린 제7차 독일역사가회의에서 독일 정치경제학자 프리드리히 폰 고틀오틀릴리엔펠트(Friedrich von Gottl-Ottlilienfeld)가 한 발언에서 유발되었음을 알게 된다. 카를 람프레히트(Karl Lamprecht)를 겨냥한 고틀오틀릴리엔펠트의 강연은 그 후 1904년 《역사의 한계》라는 제목으로 출간되었다.[54] 크로체의 이야기에 따르면 고틀오틀릴리엔펠트는 "역사가와 지질학자의 공통성, 심지어는 유사성도 정력적으로 부정했는데, 그들 가운데 전자는 자기의 대상으로서 사건(das Geschehen)을, 후자는 지층(die Schichtung)을 가지며" 이러한 차이는 "자연주의적 사고로부터 역사적 사고의 해방"을 요구했다.[55]

1930~1940년대 영국 철학자들 사이의 일정한 논쟁들은 사물의 역사와 인간 역사의 분리를 한층 더 강조했다. 크로체의 번역자이자 제자였던 옥스퍼드 대학의 철학자 로빈 콜링우

드는 사후인 1946년에 《역사의 이념》이란 제목으로 출간된 강의록과 메모를 저술할 때 인간 역사를 자연사 속에 파묻혀 있는 것으로 보는 견해에 맞서 열정적으로 반론을 펼쳤다. 그의 입장을 검토함으로써 우리는 인류세 가설이 인문학과 해석적 사회과학들에서 부딪히고 있는 지적 도전에 대한 몇 가지 신선하고 적절한 통찰을 얻을 수 있다.

우리는 콜링우드 사후 몇 년 뒤 그의 동시대인이자 몇 년 후배인 생물학자 홀데인(J. B. S. Haldane)이 출간한 책을 기억함으로써 콜링우드가 관여한 논쟁들이 어떤 종류의 것인지 짐작할 수 있다. 홀데인은 1951년에 《모든 것은 역사를 지닌다》라는 논문집을 출간했다. 그는 원래 이 책 제목을 '영국의 역사와 다른 소론들'이라고 하고 싶었지만, 그 후 마음을 바꿨다. "영국 역사는 일반적으로 지난 2000년 동안 각 세기마다 영국에서 가장 잘 알려진 몇 사람으로 구성되는 것으로 드러난다. 나는 그것이 우리 땅의 역사를 의미해야 하며, 적힌 기록들이 만들어지기 전 이 땅 사람들의 역사에 대해 우리가 알고 있는 것을 포함해야 한다고 생각한다."[56] 홀데인의 첫 글 〈시작(The Beginning)〉은 이렇게 출발했다. "이 일련의 논문들에서 나는 잉글랜드와 웨일스의 역사를 간략하게 소묘하고자 한다. 이 말이 의미하는 것은 이 두 나라에 살았던 사람들의 역사가 아니라 그 땅들 자체의 역사다. 스코틀랜드 독자들은 의심할 여지 없이 내가 스코틀랜드를 제외했다고 불평할 것이다. 여기에는 그럴 만한 이유가 있다. 스코틀랜드 북부의 바위는 잉글랜드와 웨일스의 바위 대부분보다 훨씬 오래되었다. 그리고 그것들은 훨씬 더 격렬하게 교란되었으며, 그런 까닭에 우리는 잉글랜드의 바위에 대해 아는 것처럼 상세하게 스코틀랜드 바위의 역사를 알지 못한다."[57]

홀데인의 글들은 먼저—아마도 1940년대에—〈데일리 워커(Daily Worker)〉〈모던 쿼털리(Modern Quarterly)〉〈래셔널리스트 애뉴얼(Rationalist Annual)〉〈코울(Coal)〉〈브리티시 앨라이(British Ally)〉 같은 대중 잡지에 실렸으며, 그래서 1943년에 사망한 콜링우드는 이 글들을 보았을 수도 보지 못했을 수도 있다. 그러나 글들을 보았다고 하더라도 콜링우드는 홀데인이 자연 세계의 변화를 설명하기 위해 '역사'라는 말을 사용하는 것과 콜링우드 철학의 모든 원리에 반하여 모든 것이, 요컨대 그야말로 **모든 것**이 역사를 지닌다고 주장하는 홀데인의 너무도 지나친 제스처에 대해 의심할 여지 없이 단호하게 반대했을 것이다! 왜냐하면 그의 고전 《역사의 이념》과 좀더 최근의 《역사의 원리: 그리고 역사철학에서의 다른 저술들》—두 권 모두 사후에 출간되었다—에서 콜링우드는 바로 이 신성모독적

인 생각에 대해 격렬히 반박했기 때문이다.[58]

콜링우드가 실제로 홀데인의 이 글들을 읽었다는 증거는 없지만, 우리는 홀데인의 《어느 생물학자의 철학》을 그가 읽고 논평했다는 점은 확신할 수 있다.[59] 콜링우드의 직접적인 지적 적수는 "베르그송, 〔새뮤얼〕 알렉산더, 〔A. N.〕 화이트헤드 같은 철학자"였으며, 특히 알렉산더가 1936년에 발표한 〈사물의 역사성〉이라는 제목의 논문이었다.[60] 그 글에서 알렉산더는 "세계 자체를 포함하여 모든 것이 역사적"이며, 인간의 역사와 사물의 역사는 연속체를 이루고, "시간이 사물의 구성에 들어간다"고 주장했으며, 따라서 사물은 알렉산더가 "시간성"이라 부르는 것을 소유한다고 주장했다.[61] 콜링우드는 이러한 시각을 맹렬히 거부하며 다음과 같이 썼다. "위대한 웅변의 철학자 새뮤얼 알렉산더는 자신이 생각하기에 '철학자들이 역사가들과 함께 학교에 갈 때가 되었다'는 말로 마지막으로 출간된 논문 〈사물의 역사성〉을 시작했다. 그가 철학자들이 배우기를 바랐던 교훈은 요컨대 시간의 단적인 중요성, 즉 '사물의 시간성'이었다." 자연 세계는 그 구성에서 역사적이고 사건으로 가득 차 있었으며, 알렉산더는 만약 "역사와 자연과학이 일치한다면 철학이 행복한 파티에서 벗어나 있어야 할 이유가 무엇이겠는가?"라고 주장했다.[62]

콜링우드는 이 초대를 받아들일 준비가 되어 있지 않았다. 그는 "근대 천문학은 …… 우리에게 천체의 역사를 제공하고", "근대 생물학은 그 기능들 가운데 생물학적 역사의 기능을 포함하며 …… 또는 근대 지질학은 무엇보다도 우선 지질학적 역사"라는 것을 인정하려던 참이었다. 그는 또한 "의학은 오늘날 질병의 역사에 관심을 지니고 있으며 …… 또는 심지어 물리학 자체도 화이트헤드 같은 사상가의 마음속에서 역사화되고 있다"는 것을 알고 있었다. 그러나 콜링우드는 "이 가운데 어떤 것도 역사가 아니다"라고 주장했다. "연대기, 좋다. 자연은 본질적으로 과정 또는 사건이라는 아주 오래된 생각의 발전, 필요하다. 하지만 역사는 아니다."[63] 그는 《역사의 이념》에서 더 자세히 설명했다. "근대의 자연관은 의심할 여지 없이 '시간을 진지하게 취급한다.' 그러나 역사가 변화와 같지 않듯, 역사는 진화를 의미하든 시간이 걸리는 존재를 의미하든 '시간성'과 같지 않다"고 설명했다. 그는 역사가 과연 "이러한 근대적 자연 개념과 본질적으로 일치하는지"의 물음을 "보통의 역사가"에게 던진다면 "그에 부정적으로 대답할 것"이라고 확신했다. 콜링우드는 그러한 역사가에 따르면 "정당하게 역사라고 불리는 모든 역사는 인간사의 역사이기" 때문이라고 말했다.[64] 하지만 이것은 "인간의 모든 행동이 역사의 주제"라는 의미는 아니었다.

"그리고 실제로 역사가들은 그렇지 않다는 데 동의한다." 콜링우드는 이 점을 더 확장하여 다음과 같이 말했다. "인간의 행동이 인간의 동물적 본성, 그의 충동과 욕망이라 불릴 수 있는 것에 의해 결정되는 한 그것은 비역사적이다. 그러한 활동 과정은 자연적 과정이다." 그는 역사가가 "인간이 먹고 자고 사랑을 나누며 자기의 자연적 욕망을 충족시킨다는 사실에 관심이 없을 것"이라고 말했다. 그러나—그리고 이것이 그의 요점이었다—"그〔역사가〕는 인간 자신들의 생각으로 창조한 사회적 관습에 관심이 있다. 이 관습은 사회적 규약과 도덕이 승인한 방식으로 그 욕망을 충족시킬 수 있게 하는 틀이다."[65]

인류세의 역사학적 수수께끼

콜링우드가—인간이 개인으로서 참여하는 활동인—자고 먹고 사랑을 나누는 것과 같은 활동을 언급하고 있는 까닭에 그의 문장에서 '인간'이라는 말은 (예를 들어 "지배종"이라는 표현에서처럼 단일한 실체로서의 집단 자체가 아니라) 다만 개체의 산술적 합계를 의미할 뿐이다. 우리가 지금 인간 마이크로바이옴(인간과 미생물의 공진화)과 인간의 기분 및 참살이에 대한 관계에 관해 알고 있는 바에 따르면, 인간 개인의 경우 이러한 심신 구별은 더는 타당하지 않아 보인다.[66] 그러나 여기서 크로체, 콜링우드, 카를 통해 논의한 인간 역사에 대한 관점에 제기되는 좀더 적절한 문제는 인간의 역사와 비인간의 역사를 분리하는 것, 즉 뢰비트와 콜링우드가 '역사철학'이라 부르는 것의 기초로서 작용한 분리의 문제다.

이러한 분리의 견지할 수 없는 본성은 인간이 행성적 규모의 힘으로서 행동할 수 있는 능력을 획득했다는 것을 우리가 인정하는 이 시대에 점점 더 자명해졌다. 홀데인, 알렉산더, 화이트헤드는 콜링우드가 그들을 끌어들이려 한 논쟁에서 마침내 승리한 것으로 보인다. 하지만 이것이 인간 역사의 철학에 생명을 불어넣은 관심, 즉 인간을 위한 다양한 해방적 비전이 소멸했다는 의미는 아니다. 그것은 존재한다. 그러나 그 해방적 비전은 다만 놀라운 빈도로 전 지구적 인간 역사의 사건들이 비인간적 역사의 사건들로 확대되고 후자는 인간의 인간적이고 비인간적인 역사라는 두 가닥이 뗄 수 없이 서로 연결된 것처럼 보일 정도로 행성적 규모에서 발생하는 것을 보아온 지난 수십 년 동안 인류가 처한 곤경의 지표로서만 존재할 뿐이다.

라투르, 프랑수아 아르토그 등은 인류세가 방향을 잃고 있다는 데 동의한다. 라투르와 페터 바이벨(Peter Weibel)은 그들의 저서 《임계 지대: 대지에 착륙하는 과학과 정치》 서론에서 "석탄과 가스[즉, 지질학적인 깊은 시간]가 사회와 세계사의 리듬 안으로 도입됨으로써 초래된 방향 상실"을 설명했다.

> 오늘날 모든 사람은 지질학자들이 이 방향 상실에 부여한 명칭, **인류세**를 잘 알고 있다……. 이 뉴스가 너무 혼란스러워서 모든 학문 분과, 모든 이익 단체가 이 대혼란에 대처하기 위해 이런저런 다른 변수를 주장하면서 대안 용어를 제시한다. 그것은 실제로 이 새로운 지질학적 명칭의 좋은 점이다. 그것은 모든 곳으로 퍼져나갔지만, 그것이 가리키는 역사적 기간 '안으로' 조용히 안착하기는 불가능하다.[67]

아르토그는 시간 자체의 파편화, 즉 인류세가 "세계와 세계의 시간들에 미친 부정적 영향"이라는 측면에서 방향 상실을 어림잡는다. 그는 다음과 같이 쓴다.

> 우리의 상황은 몇 개의 간격, 즉 인류세의 시간과 (점점 더 파편화되는) 세계의 시간들 사이의 간격, (세계화의 핵심에 있는) 디지털 현재주의와 세계의 다른 시간성들 사이의 간격, 마지막으로 현재주의와 인류세의 시간성들 사이의 근본적 간격의 결과다. 이

러한 상황은 해체의 실험이다.[68]

인류세가 그 관찰자들에게 불러일으키는 이러한 시간과 공간의 해체 감각의 핵심에는 예술 및 디자인 이론가 벤저민 브래튼(Benjamin Bratton)이 말한 "탄소와 실리콘 기반 지능"이 점점 더 겹침에 따라 인간의 시간이 지질학의 깊은 시간과 뒤얽힌다는 사실이 자리하고 있다.[69] 보통은 이런 일이 일어나지 않는다. 이 행성은 과거에는 인간이 지구적인 힘을 구성하기에는 너무 크고 거의 무한해 보였다. 이런 일이 일어나려면(즉, 인류가 거대한 천체와 비슷한 영향력을 가진 행성 규모의 물리적 힘처럼 행동하려면) 인간 존재의 시공간 차원이 행성의 그것과 비슷해져야 했다. 이러한 일은 기술의 질과 양이 기하급수적으로 성장하고 인간의 생명 관리, 즉 인간의 삶과 인간이 사육하고 붙들어두는 동물과 조류의 삶에 영향을 미칠 수 있는 기술 능력이 없었다면 일어날 수 없었을 것이다. 인간, 기술 그리고 다른 생명 형식들이 함께 어우러져 초객체처럼 행동하는 하나의 복합체, 인간의 지각에 직접적으로 작용하는 하나의 '사물'을 형성한다. 인간이 그 자신의 인간적 역사에서 이러한 인간-사물이 될 때, 인간은 자신의 사물적 측면에서 이전에 그랬던 것보다 훨씬 더 커지는 데 반해, 이 행성은 그에 비해 축소되고 예전에 그렇게 보였던 것보다 훨씬 더 유한한 것처럼 나타난다. 그 '사물'—즉 '인류-사물'이라고 부를 수 있는 무엇—의 역사성은 콜링우드적이고 해방적인 사상계의 가정 내부로부터 생각되거나 쓰일 수 없다. 하지만 집단적으로 인간은 오늘날 하나의 사물 같은 실체를 구성한다. 우리는 어떤 방식으로 하나의 사물 또는 하나의 힘으로 존재하는가? 우리는 그러한 방식의 존재 역사를 어떻게 쓰는가? 인간 근대성의 자연사가 존재해야 할까? 그러나 근대성은 자연적인 것과 인간적인 것의 구별에 기초하지 않았던가? 이것은 인류세의 일부인 우리 현재의 모든 역사가 처리해야 하는 방향 상실이다.

3

현재와 함께 머무르기

만약 우리가—파이잘 데브지(Faisal Devji)가 최근에 표현했듯이—"역사에 현재를 잃어버리길" 원하지 않는다면 우리는 현재를 어떻게 다루어야 할까?[1] 다시 말해 만약 우리가 현재를 현재가 어떻게 존재하게 되었는지에 대한 역사적 설명과 동일시하고자 하지 않는다면 말이다. 물론 자본주의와 제국 같은 요인에서부터 산업 문명에 이르기까지 인위적인 행성적 기후변화에 대한 많은 역사적 설명이 존재한다. 그러나 우리가 현재를 지나간 몇몇 과정의 결과로서만 바라볼 때 현재를 바라보는 우리의 시각은 왜곡된다. 우리의 시각은 이미 온실가스 배출을 줄이는 방법, 자본주의와 싸우는 방법, 특수한 정체성이 '되기' 등과 같은 미래의 물음들로 향해 있다.[2] 나는 이러한 물음들과 그 물음들이 함축하는 정치적 과제의 중요성을 전혀 부정하지 않는다. 내가 묻는 물음은 브뤼노 라투르가 여러 차례 지적했듯이 우리의 행성적 환경 위기에 대한 (그 역사와 원인에 대한 지식을 포함하여) 지식과 그 지식에 직면한 우리의 나태함이 서로 맞물려 있는 현재에 우리가 어떻게 방향을 잡고—그 현재와 함께 머물고—있는가 하는 것이다. 지난 장에서 언급했듯이 우리는 방향을 잃은 현재를 살고 있다. 라투르가 강조한 이 겉보기의 방향 상실이 지닌 한 가지 핵심 측면은 근대화에 대한 애착이 역사적으로 다른 시대와 장소의 사람들에게 어떤 의미가 있었는지에 관한 물음이었다. 그는 다음과 같이 썼다. "**많은 사람이 우리가 근대화를 누릴 자격이 있다고 생각한다. 신의 나라의 세속적 버전, 즉 부와 풍요는 우리의 권리다.** 우리는 이미 약속의 땅에 있다. 왜 우리가 이 약속의 땅을 떠나야 할까? 다른 땅을 찾아 또다시 광야를 헤매야 할까? 그것은 상상도 할 수 없는 일이다! 물론 종말론적으로 산다는 것은 종말을 남기고 떠난다는 것이 아니라 정말로 마지막 때에 살아간다는 것을 의미한다……."[3]

우리가 라투르 특유의 정식화에 반드시 동의할 필요는 없다. 그러나 종말론적이든 아니든—'종말(apocalypse)'이라는 말의 라투르식 용법은 프랑수아 아르토그가 시사했듯이 실제로 그리스도교적일 수 있으며, 따라서 마지막 때를 상상하는 특수한 전통을 지닌다—라투르의 진술은 우리에게 지난 70년 동안 인도나 중국과 같이 인구가 많은 "새로운" 국가에서 개발 정치를 추동해온 근대성과 근대화에 대한 열망을 명심하지 않고는 "인위적 기후변화"라는 인간의 곤경을 생각할 수조차 없다는 것을 상기시킨다.[4]

근대화와 따라서 근대적 향유와 현대적 형식의 인간 번영이라는 쟁점의 핵심에는 에너지에 대한 인간의 접근성을 높이는 문제가 놓여 있다. 최근 캘리포니아 대학 버클리 캠퍼스에서 열린 태너(Tanner) 강연에서 문학 비평가 마이클 워너(Michael Warner)는 스위치만 누르면 자동으로 이용할 수 있는 전기를 근대적 생활양식의 "무의식"이라고 설명했다.[5] 대지 시스템 과학자 마크 윌리엄스와 얀 잘라시에비치는 최근 "우리 종, 호모 사피엔스의 가장 눈에 띄는 특성"은 "우리가 에너지를 탁월하게 잡아채는 종이 되었고, 에너지에 대한 우리의 탐욕은 이제 행성적 역사 전체에서 유례없는 것이 되었다……는 점"이라고 주장했다. 형편에 따라 그들은 다음과 같이 말하기도 한다. "린네는 우리를 호모 아비다스(Homo avidas, 탐욕스러운 인간)라고 명명했어야 했다……. 어떤 추정에 따르면, 우리는 매년 지상에서 볼 수 있는 식물 줄기의 모든 가용 에너지 5분의 2를 뽑아낸다……. 이 에너지에 우리가 소·양·돼지 같은 가축을 먹을 때 공급받는 에너지를 더할 필요가 있다."[6] 물론 이러한 인간의 "에너지에 대한 탐욕"은 산업혁명이 개시되고 이후 탈산업화 사회가 부상하면서 점점 더 가시화되었다. 결국 내가 이 책을 통해서나 다른 곳에서 제안했듯이 인간의 기술이 일정한 발전 정도에 도달했을 때만—그리고 나는 이 기술에 인간이 살아 있는 것이든 살아 있지 않은 것이든 비인간을 사용하는 것도 포함한다—인간은 집단적으로 (그리고 인간 내부의 불평등으로 인해서나 그것에도 불구하고 차별적으로) '행성적인' 힘, 즉 실제로 광대하고 행성적인 시간과 공간 규모에서 행성의 기후 시스템이나 다른 많은 생물지질학적 과정에 영향을 미칠 수 있는 매우 커다란 사물과 같은 실체가 될 수 있다.

기술이 이 이야기의 핵심이다. 우리는 대규모의 지질학적 행위자로서나 이산화탄소 같은 대리자를 통해 행성적인 힘으로 작용한다. 그 좋은 예가 잠재적으로 인간 문명보다 더 오래 지속될 수 있는 방사성 폐기물을 발생시키는 인간의 기술적 능력이다. 그것은 행성적 시간이 인간의 일상적 삶의 활동에서 작용하는 시간 감각을 훨씬 넘어설 수 있다는 것을 잘 보여주는 사례다. 방사능의 발견은 인간적 시간의 영향력을 확장하는 동시에 방사성 탄소 연대 측정을 가능하게 함으로써 깊은 시간을 발견하는 데 공헌했다.[7] 이에 덧붙여 만약 인간이 이 폐기물을 어디에 어떻게 처리할지의 물음을 생각한다면 근대인의 손길이 닿는 공간적이고 행성적인 측면이 보이기 시작할 것이다. 물론 이 두 가지 측면은 서로 연결되어 있다. 인간에게 지질학적 행위자가 된다는 것은 생성의 과정인 **동시에** 존재의 상태다. 우리가 (운전이나 비행에서 또는 심지어 전 세계를 가로지르는 의약품 운송에서) 화석연료 사용의 '혜택'이나 편리함을 적극적으로 향유/소비/재생산할 때마다, 또는 석탄·석유·천연가스가 (예를 들어 기대 수명 연장이나 상품과 사람의 국제 운송 증가와 같은) 우리의 참살이 감각에 이바지한 역사적 공헌에 수동적으로 참여할 때 우리는—**인간적 규모의 시간과 공간을 넘어선**—지질학적 규모의 시간과 공간에 뒤얽힌다. 그러나 후자의 참여는 인간의 대리자로서 행동하지만 행성적 규모에서 사물에 영향을 미치는 행위 주체를 통해 인간이 이미 행성적이거나 지구물리학적인 힘이 되었다는 맥락에서 우리가 하는 일이다.

우리가 **이러한** 에너지 집약적 문명과 맺는 관계에 영향을 끼치는 인간의 곤경—즉, 긴급한 행동을 요구하는 지식에도 불구하고 행동하지 않는 것—을 계속 지각하려면, 우리는 근대화 과정을 통해, 그리고 에너지 전체를 엄청나게 이용할 수 있게 됨으로써, 인간이 얻어낸 혜택에 대한 현대의 두 가지 논평을 함께 읽어야 한다. 스티븐 핑커(Steven Pinker)의 《지금 다시 계몽》(2018)과 존 맥닐(John R. McNeill)과 피터 엥겔케(Peter Engelke)의 《거대한 가속》(2014)이 그것이다.[8] 언뜻 보기에 이 책들은 서로 크게 다를 수는 없었을 것으로 보인다. 핑커는 인류가 이성, 진보, 경제성장, 기술 발전을 숭배하는 계몽주의 당파와 이 당파가 옹호하는 모든 것에 반대하는 반계몽주의 당파로 나뉜다고 본다. 그의 "파멸의 예언자"는 인상적인 목록으로 채워진다. "니체, 쇼펜하우어, 마르틴 하이데거, 테오도어 아도르노, 발터 벤야민, 헤르베르트 마르쿠제, 장폴 사르트르, 프란츠 파농, 미셸 푸코, 에드워드 사이드, 코넬 웨스트 그리고 환경 비관론자들의 합창단"이 그것이다.[9] 푸코를 두고 "홀로코스트는 과학과 이성적 지배가 사람들의 삶에 점점 더 많은 압력을 행사한 계몽주의와 함께 시작된 '생명정치'의 불가피한 정점이라고 주장한" 사람이라고 한 핑커의 설명은 줄잡아도 놀랍지 않을 수 없다.[10]

반면에 《거대한 가속》은 역사가의 아이러니와 놀람의 감각으로 가득 찬 책이다. 이 책은 핑커가 "인간은 끊임없이 진보하는가?"[11]라는 칸트의 물음에 대한 그 자신의 그야말로—적어도 계몽주의 이후 세계에 대해—긍정적인 반응을 근거짓는 사실들을 부정하지 않는다. 실제로 만약 기후변화 문제를 괄호 안에 넣고 이 행성의 지질학적·생물학적 과거가 어떻게 연결된 역사를 구성했는지 설명하는 대지 시스템 과학에 관여할 이유가 없는 사람이라면, 이를테면 19세기 중반 이후, 좀더 특수하게는 20세기 중반 이후 18세기 유럽 계몽주의의 선물에 뒤따르는 과학, 기술, 의학, 공중 보건, 정부 정책 등의 개선 덕분에, 그리고 인간 사이에 증대하는 그 모든 불평등에도 불구하고 인류가 지금처럼 잘 살았던 적이 없었다는 핑커의 말에 동의하는 경향이 있을 것이다.[12]

그러나 역사적 아이러니 감각을 지닌 사람이라면 또한 핑커가 인간의 수명, 인구수, 생활 수준 등의 상승 추세를 보여주기 위해 제시한 수치와 그래프가 대지 시스템 과학자들이 1950년대에 인구와 인간의 소비와 생활 수준 모두가 기하급수적으로 증가하기 시작하여 이후 수십 년 동안 계속된 인간 역사의 거대한 가속 과정을 나타내는 그래프로 제시하는 것에 포함되었을 수도 있다는 것을 알 수 있다. 유일한 차이점은 거대한 가속 테제의 저자들이 겉보기의 인간 진보의 이 단계를 점점 더한 경각심과 불안감을 지니고서 바라본다는 점일 것이다. 왜냐하면 이 단계는 인간과 그 기술이 탄소 순환, 질소 순환, 수문학적 순환 및 행성의 그 밖의 동역학적 과정을 포함한 행성적 과정에 심대하게 간섭하기 시작한 시기이기도 하기 때문이다. 맥닐과 엥겔케의 역사적 아이러니 감각은 예를 들어 그들이 20세기 중반 이후의 인구 증가에 관해 논평할 때 명백히 감지할 수 있다. "1945년 이후 인류 인구학은 20만 년의 역사에서 가장 독특한 시기에 접어들었다. 1945년부터 2015년까지, 즉 한 인간의 생애 기간에 전 지구의 인구는 약 23억 명에서 72억 명으로 세 배 증가했다. 매년 1퍼센트 이상의 인구 증가가 지속되는 이 기이한 막간은 말할 것도 없이 현재 대지 위의 거의 모든 사람이 정상으로 간주한다. 그러나 그것은 결코 정상적인 일이 아니다."[13] 기술과 값싸고 풍부한 에너지의 이용 가능성이 이러한 '성공'의 핵심이었다. 그러나 이것은 또한 인간이 이제 '행성적 힘'이라는 의미이기도 했다. "이산화탄소 수준이 대지의 역사에서 알려진 그 어느 때보다 빠르게 증가하고 있으며", "(우리를 살아 있게 하는 인공 비료 생산을 위한 하버-보슈법을 통한) 대지의 질소 순환에서의 변화는 20억 년 사이에 가장 클 수 있고", "대륙을 횡단하고 대양을 횡단하는 종의 이동 규모는 대지 역사에서 유례없는 현상이다."[14]

윌리엄스와 잘라시에비치는 지난 수십 년 동안 인간의 에너지 소비가 계속 증가하고 있는 수치를 열거하며 비슷한 경각심을 표현한다. "이 놀라운 수치는 40억 년의 생물학적 진화에서 한 종의 지배라는 측면에서 거의 확실하게 유일무이하다. 이러한 극단적 과정은 위험이 없는 것이 아니다. 우리 자신이 쓴 진단 기록의 마지막 줄은 '역사에서 알면서도 그 자신의 멸종을 초래한 유일한 종'으로 판명될 수도 있으며, 그것은 (다른 결과와 더불어) 그 진단을 읽을 사람을 아무도 남겨두지 않을 것이다."[15] 하지만 핑커가 찬양하는 현재로 돌아가보자.

핑커는 계몽의 비판자들에 대해 매우 비웃을 만하다고 생각하며—그리고 이들은, 마치 이 논쟁에서의 이해관계가 유럽이나 서구의 외부인들보다는 서구 지지자들에 관계된다는 듯이, 대부분 존경할 만한 유럽인이나 서구에 잘 알려진 비서구 출신 비판자들이다—그래서 그의 산문에서는 그 어떤 자괴감도 느껴지지 않는다. 좌파의 다른 많은 선동꾼과 마찬가지로 그는 "진보를 증오한다"는 이유로 "지식인"에 대해 강한 혐오를 품고 있는 것으로 보인다. 그리고 "자기 자신을 '진보적'이라 칭하는 지식인"은 훨씬 더 잘못하는 것으로 밝혀지는데, 왜냐하면 그들은 "**실제로는** 진보를 증오"하기 때문이다. 이러한 지식인들은 (컴퓨터와 같은) "진보의 열매"를 사용하기를 꺼리지 않지만, "진보의 **이념** …… 세계를 이해함으로써 우리가 인간의 조건을 개선할 수 있다는 계몽의 믿음"은 실제로는 "이 수다쟁이 계급을 괴롭힌다."[16] 예를 들어 근대 의학의 진보에 대한 핑커의 신뢰는 너무나도 압도적이어서 그는 2018년에—즉, 데이비드 쾀멘의 수상작인 《종간 전파》가 출간되고 6년 뒤에 그리고 그 이후 돼지 인플루엔자 및 여타 팬데믹에 가까운 것들에 대한 전 지구적 경험을 바탕으로—인류가 이제 "자연적 위협과 인간이 만든 위협에 더욱 탄력적"이 될 만큼 "경제적 진보"에서의 "전진"을 이루었고, 그리하여 "**질병 발생이** 〔더는〕 **팬데믹이 되지 않을 것**"이라고 주장할 수 있었다.[17] 오늘날 한 문장의 그 단편은 카프카가 발명하고 벤야민이 언젠가 "사물이 망각 속에서 취하는" 형식이라고 묘사한 비인간 캐릭터인 오드라덱(Odradek)의 당혹스러운 눈빛으로 핑커의 독자를 응시하고 있다.[18]

하지만 지난 일에 대한 통찰력을 가지고서 핑커를 비판하는 것은 나의 목적이 아니다. 요점은 핑커의 책과 맥닐·엥겔케의 책 사이의 기이하고도 주목할 만한 수렴, 즉 두 책이 각자의 표지 사이에 모아두고 있는 인간의 번영이라는 단순한 사실로 가능해진 수렴을 분명히 나타내는 것이다. 핑커는 맥닐과 엥겔케가 하려고 한 것, 즉 대지 시스템 과학을 다루지 않고서도 근대 과학, 기술, 지배 양식(간단히 말해 근대화)이 인간에게 선사한 수명 증가라는 "궁극적 축복"이, 이제 일부 연구자가 지구온난화에 맞서기 위한 "시간 벌기" 행위로 행성 전체의 기후를 공학적으로 계획하는 선택지를 고려하지 않을 수 없다고 느끼는 지점에 도달하는 과정도 수반했음을 인정하지 않을 수 없다.[19] 다시 말하면 그가 그렇게 말하든 아니든, 핑커의 책은 자신이 말하고 있는 바의 지구생물학적 함의를 인식하지 못한 채 인간이 행성적 행위자 또는 내 언어로 말하면 행성적 힘이 되었다는 것을 인정한다.

하지만 이 또한 스티븐 핑커의 조건부 낙관주의, 즉 '우리'만 이렇게나 저렇게 한다면 우리 인간은 **다** 괜찮을 것이라는 생각이 이 책의 논의에 핵심적인 문제, 즉 하나가 아닌 인류라는 문제에 부딪히는 지점이기도 하다. 핑커는 자신이 기후 경보론자로 보는 사람들에 맞서 다음과 같이 쓴다. "반세기에 걸친 공포 상태에도 불구하고 인류는 돌이킬 수 없는 생태학적 자살의 길로 가고 있지 않다. 자원 부족에 대한 두려움은 잘못된 생각이다. 근대인을 순진무구한 행성의 수치스러운 약탈자로 바라보는 인간 혐오적인 환경주의도 마찬가지다……. 문제는 해결될 수 있다. 그렇다고 해서 문제가 저절로 해결될 것이라는 의미는 아니다. 오히려 **만약** 우리가 사회적 번영, 현명하게 규제된 시장, 국제적 거버넌스, 과학과 기술에 대한 투자를 포함하여 지금까지 우리가 문제를 해결할 수 있게 해준 근대성의 자비로운 힘을 유지**한다면 우리는** 그 문제를 해결할 수 있다는 의미다."[20]

핑커는 하버드 대학 동료인 물리학자 데이비드 키스(David Keith)의 프로젝트, 즉 "다만 온실가스 배출을 금하고 대기 중 이산화탄소를 산업화 이전 수준으로 되돌릴 때까지 인류에게 숨 쉴 공간을 제공하기 위해서만" 설계된 "온건하고 대응적이며 일시적인" 기후 공학을 위한 프로젝트를 지지한다.[21] 핑커가 인간 생존에 관해 이러한 "만약 …… 하기만 한다면"이라는 조건부 진술을 하는 유일한 사람은 아니다. 윌리엄스와 잘라시에비치도 그러한 또 다른 버전을 제시한다. 도시 건설 실천은 도시와 도시 에너지에 대한 게걸스러운 욕구가 지속가능한 기획이 될 수 있으려면 원주민 전통뿐만 아니라 미생물로부터도 배울 필요가 있다는 것이다. 그들은 도시가 지속가능하려면 인간이 "자연에 대항해서가 아니라 자연**과 함께** 건설"해야 한다고 쓴다. 그들이 인용하는 "선례" 가운데 하나는 인도 북동부 메갈라야 지방에서 나온다. 그 지방에서 원주민 카시족은 "인도고무나무의 뿌리를 …… 강 계곡을 가로지르도록 점차로 유도하고 나무줄기에 뿌리를 붙들어 둠으로써" 튼튼한 목조 다리를 건설한다. "만약 도시 개발자들이 메갈라야의 다리 건설자들을 따랐다면, 그들은 대지 위에서 가장 역동적인 유기체 가운데 일부, 즉 미생물을 마음대로 사용할 수 있을 것이다. 미생물은 수십억 년의 활동 기간 동안 탈수 및 항균물질의 공격으로부터 보호해줄 수 있는 …… 생물막"을 형성함으로써 "크고 강고한 물리적 구조를 포함할 수 있는 지속가능한 생태계를 설계하고 그에 공헌해왔다."[22] 그러한 조건부 미래관의 또 다른 예를 원주민 학자이자 환경 철학자인 크리스틴 윈터(Christine Winter)에게서 찾아볼 수 있다. 그녀는 우리가 좀더 상세하게 살펴볼 한 논문에서 자기 자신을 "현재 오스트레일리아 시드니라고 불리는 양도된/도난당한 가디갈(Gadigal: 지금의 시드니 지역에 살던 원주민—옮긴이) 나라에서 글을 쓰고 있는 응아티 카후그누누(Ngāti Kahugnunu: 뉴질랜드 북섬 동부 해안의 마오리족 일파—옮긴이), 응아티 파케하 여성(Ngāti Pakeha: 마오리어로 파케하는 마오리족과 함께 살기로 한 유럽인을 가리키는 19세기 용어—옮긴이)"이라고 소개한다. 윈터는 우리가 앞에서 마주친 "만약 …… 할 수 있다면 어떻게 될까"의 형태로 "다종간 정의(multispecies justice)"와 "관계성"에 대한 원주민의 관념을 두루 생각해보도록 우리를 이끈다. "만약 다종간 정의〔MSJ〕가 사회적·정치적·경제적 관계를 재설정할 수 있다면 어떻게 될까? 다종간 정의는 어떤 종류의 미래를 가져올 수 있을까?"[23]

이 모든 진술은 인간의 의견 불일치로 비옥한 땅에 씨앗처럼 떨어진다. 예를 들어 키스의 프로젝트에 대한 핑커의 지지는 인간과 그들 '환경' 사이의 이음매 없는 연속성을 가정하지 않는 몸짓으로 인간이 "한발 물러서서 〔자신이 영향을 미치는 것들로부터〕 어느 정도 거리를 회복할 수 있는 능력"을 획득해야 한다고 주장하는 프레데릭 네라(Frédéric Neyrat)의 신중하고 인간주의적이며 사려 깊은 지구공학 비판과 마주치지 않을 수 없다.[24] 윌리엄스와 잘라시에비치는 생물학적으로 건설된 건축물을 "발생 초기"의 기술로 인정하면서도 "현재 …… 일부 개인과 기업의 최선의 노력에도 불구하고 우리의 소비 패턴은 여전히 생물권에 기생하는 기생충과 비슷하다"는 점을 인정한다. 그들은 "이 상태를 진단하는 일은 …… 간단하다. 치료법을 찾는 일은 오히려 덜 간단하다"고 쓴다.[25] 태양열판과 전기차는 이러한 에너지 중독을 드러내는 징후인데, 그것들은 종종 오늘날의 환경 문제에 대한 원대한 해결책으로 선전된다. 하지만 저자들은 그렇지 않다고 말한다. 전기차와 태양열판의 배터리에는 코발트나 텔루륨 같은 희토류 금속이 필요하다. 이러한 물질들은 "거대한 흡입 장치 또는 때때로 섬세한 생태계를 찢는 연속적인 버킷 사슬"을 사용하여 해저로부터 수집된다. 그들은 이러한 일이 계속된다면 "대양과 땅은 (적어도) 수십만 년 동안 유기체의 빈약한 집합체를 갖게 될 것이며" 대량멸종을 "피할 수 없을 것"이라고 덧붙인다.[26]

윌리엄스와 잘라시에비치는 근대성과 근대화의 일정한 구조와 역사에 깊숙이 그 뿌리를 두고 있는 딜레마를 분명히 표현한다. 다양한 형태의 에너지에 접근하려는 필요의 도덕적 정당화는 풍요로운 사회와 계급, 소비주의적 생활양식에 대한 명백히 이기적인 옹호에서 비롯되는 것이 아니라—물론 그러한 문제가 존재한다—점점 더 높은 비율(현재 절반)로 도시에서 살아가는, 현재 이 행성에 거주하는 인간 80억 명의 삶을 뒷받침해야 할 필요에서 비롯된다. 역사적으로 에너지 접근성은 인구수 증가로 이어졌고, 이제 우리는 그 인구수를 유지하기 위해 더 많은 에너지를 필요로 한다는 것이다. 인공 비료 문제를 생각해볼 수 있을 것이다. "하버-보슈법〔1909년경〕을 통한 공기로부터의 질소 추출"은 윌리엄스와 잘라시에비치가 "저 먼 선캄브리아기에 시아노박테리아의 산소 방출 광합성으로 이어진 진화의 도약"에 견주는 것이다. "두 과정 모두 어디에나 있는 물질을 사용하여 식물 조직 덩어리에서 가용 에너지를 증가시켰다." 그러나 결정적 차이가 있다고 그들은 지적한다. "암모니아를 만들기 위해 그것〔하버-보슈법〕은 태양의 재생 가능한 에너지가 아니라 화석연료라는 유한한 자원을 사용한다……. 이 인위적으로 고정된 질소 가운데 일부는 토양에서 빠져나와 과잉 공급되며, 그 후 강과 호수 및 바다에서 인근 생태계를 황폐화

한다."[27] 하지만 환경을 파괴하는 이러한 기술 혁신이 없었다면 세계는 점점 늘어나는 인구수를 먹여 살리기 어려웠을 것이다. 그리고 내가 청소년 시절을 보낸 인도도 1960년대 후반의 이른바 '녹색 혁명'으로 곤경에서 벗어나지 못했더라면 1960년대에 기근은 아니더라도 대규모 식량 위기에 내몰렸을 것이다.

얽힘과 차이: 근대, 후기근대, 비근대

비판은 우리 시대, 우리의 **지금 시간**(Jetztzeit)의 모순에서 벗어날 수 있을까? 지난 세기의 포스트식민주의적 순간과, 학문 분과 및 아카데미를 탈식민화해야 한다는 다방면에서의 현대적 요구 사이에서 나타나는 겉보기의 긴급한 분열을 명목으로 그 모순 바깥에 서고자 하는 시도들이 존재한다. 지안마리아 콜파니(Gianmaria Colpani), 야밀라 마스카트(Jamila M. H. Mascat), 카트린 스미엣(Katrine Smiet)은 이 분열을 다음과 같이 설명한다.

> 여기서〔탈식민주의 비평에서〕 포스트식민주의 이론은 서구 이론에 포섭되어 그 결함을 공유하는 것으로 추정된다. 이러한 맥락에서 탈식민주의 비평가들은 종종 포스트식민주의 이론을 본질

적으로 유럽 중심주의에 대한 유럽 중심적 비판으로 자리매김한다. 포스트식민주의와 포스트구조주의 및 해체와의 밀접한 연관성은 이 비판의 핵심이다……. 이 주장에 따르면 자크 데리다, 미셸 푸코, 자크 라캉 같은 저자들과 포스트식민주의 사상가들의 긴밀한 연대는 단언컨대 포스트식민 분야를 서구적이고 유럽 중심적인 규준을 지닌 특수한 지방으로 바꾼다. 이는 심지어 그 목표에 대한 '배신'으로까지 이해되기도 한다.[28]

데보라 다노스키와 에두아르두 비베이루스 지 카스트루의 설득력 있고 사려 깊은 작업은 내게 행성의 기후변화와 싸우기 위해 학문과 제도가 실제로 어느 정도까지 '탈식민화', 즉 유럽이나 서구 사상으로부터 해방될 수 있는가의 문제를 다루기 위한 탁월한 출발점을 제공한다. 다노스키와 지 카스트루는 2014년에 포르투갈어로, 2017년에 영어로 출간한 《세계의 종언들》에서 자신의 명제들을 모범적으로 명료하고 지적으로 활기차게 개진했다.[29] 이 책의 핵심은 두 가지 쟁점이다. 인위적 기후변화의 모든 정치를 괴롭히는 다중성 문제, 즉 하나와 여럿의 충돌과 (서구) 학문의 도전받는 권위다. 내가 등장하는 부분은 (최근에 세상을 떠난 E. O. 윌슨의 방식으로 사용되는) '종'이라는 생물학적 개념과 나의 2009년 논문 〈역사의 기후: 네 가지 테제〉 및 그 수정본인 《행성 시대 역사의 기후》 1장[30]에서 그 개념의 전개를 그들이 거부하는 대목에서다. 여기서 이에 대한 논쟁을 벌이는 것은 적절하지 않다. 내가 주목하고자 하는 것은 이 책의 논의에서도 중요한 그들 비판의 두 항목이다. 다음은 내가 강조하고자 했던 두 가지 요소, 즉 다노스키와 지 카스트루의 근대성/근대화 비판과 과학에 대한 정치적 비판을 담고 있는 구절이다.

> 우리는 인류세라는 명칭의 시조라는 위엄(모욕)의 유일한 후보가 되기를 거부하는 것에서 시작해야만 한다. 〔E. O.〕 윌슨식 종 개념을 기각하는 것은 차크라바르티의 경우처럼 그 개념의 현상학적 덧없음이라는 근거에서가 아니라 **그것이 근대성의 비정치적·비역사적 자연 개념뿐 아니라 또한 과학이 지닌 재정거래**(arbitrage: 평준화하고 차이를 소멸시키는—옮긴이)**의 절대적인 힘의 공물이기 때문이다**. 그러나 고전적 좌파의 혁명적 대중, 즉 근대적 보편의 되풀이되는 또 다른 화신들도 그 과업에까지 이르지 못한다……. 그들의 해방은 이론적(자연과 이성의 숭배) 차원뿐만 아니라 실천적(환경 파괴) 차원에서도 근대화 전선의 일반화와 강화에 계속 의존한다.[31]

여기서는 "근대성의 비정치적·비역사적 자연 개념"과 "과학이 지닌 재정거래의 절대적인 힘"이 두 가지 비판 대상으로 확인된다. 다노스키와 지 카스트루는 계속해서 다음과 같이 쓴다. "민족들의 내포적이고 외연적인 다중성으로서 '인간'의 고유한 **민족정치적** 상황은 인류세 위기에 직접 연루된 것으로 인정해야만 한다. 만약 긍정적인 인간적 관심이 없다면, 그것은 다양한 세계 민족 또는 '문화' 사이에 보편적 인간의 자칭 대변인에 **대항하는** (라투르가 말한 '집단'을 구성하는) 여러 다른 비인간 행위 주체 및 민족과의 다양한 정치적 연대가 존재하기 때문이다."[32]

이러한 비판 노선은 지 카스트루가 그의 초기 논문집 《식인(食人) 형이상학》에서 발표한 지적 프로그램과 맥락을 같이한다.[33] 그 프로그램은 인간학을 "**사상을 탈식민화하는 영구적 실행**" 안으로 끌어들이는 것이었다.[34] 그가 아메리카 원주민의 "관점주의(perspectivism)"와 "다자연주의(multinaturalism)"라고 부르는 것에 대한 상상력 넘치는 독해와 분석을 바탕으로 한 이 탈식민주의적 비전은 인간과 세계를 모두 "통일되지 않은 것"으로 보지만, 또한 "우리가 다중적인 가설적 방식이라고 부르고, 라투르가 말한 대로 '세계들의 전쟁'이 일단 선포되었을 때 협상 능력에 달려 있을 미래에" 놓여 있는 통일의 모든 전망을

지니는 것이었다.[35]

지 카스트루의 저술들이 밝혀주듯이 그리고 그가 종종 설명하듯이 "사상을 탈식민화하는" 이러한 특수한 양식에 대한 영감의 대부분은 '야만', '원시', '리좀(rhizome)' 개념들과 유목민에 대한 들뢰즈와 가타리의 작업이 1968년 5월의 사건들 이후 프랑스 사상에 미친 폭발적인 영향에서 비롯되었다. 당시 프랑스에서는 노동자 계급과 학생 시위대의 혁명적 격변에 휩싸여 몇 주 동안 폭력적인 시민 불안과 경제적·정치적 불확실성이 지속되고 정통 공산주의자들에 대한 심원한 의문이 제기되었다. 지 카스트루는 "나의 세대에게 질 들뢰즈라는 이름은 1968년 무렵 시기를 특징짓는 사상적 변화를 즉각 떠올리게 한다. 그때 우리의 현대적 문화 지각의 몇 가지 핵심 요소가 발명되었다. 이러한 변화의 의미와 결과 그리고 그 현실성은 여전히 격렬한 논쟁을 불러일으킨다"고 쓴다.[36] 그는 자신의 책 《식인 형이상학》을 "다중성 이론, 즉 현대 인간학에 가장 큰 영향을 미친 들뢰즈의 주제를 개진하고 설명하는" 책으로 소개한다. 이 주제는 무엇보다도 라투르의 《우리는 결코 근대인이었던 적이 없다》에서의 근대성 비판에 영향을 미쳤다.[37] 더 나아가 지 카스트루는 라투르의 책 제목을 인용하며 다음과 같이 해명한다. "다중성 개념은 우리가 결코 근대인이었던

적이 없던 비(非)부분논리적(nonmerologic)이고 포스트대중적인(postpopular) 세계에 현재 우리가 들어서고 있기 때문에 생각할 수 있었을—따라서 인간학에 의해 생각할 수 있었을—뿐이다. 그 세계는 어떤 지양(Aufhebung)보다도 무관심을 통해 마찬가지로 그토록 많은 이원론과 인간학적 쌍 및 그 밖의 많은 것을 지배한 하나와 다수 사이의 오래된 끔찍한 구별을 먼지 속에 남겨두고 있다……. 다중성을 통한 사고는 국가에 대항하는 사고다."[38] 그러고 나서 또다시 다음과 같이 말한다. "다중성은 더 큰 통일성, 우월한 다수성이나 통일성과는 다른 무엇이다. 오히려 그것은 빼기(따라서 들뢰즈에게서 소수·소수자·소수화 개념의 중요성)를 통해 얻어지는 **하나보다 더 적은 것**이다."[39]

우리가 지 카스트루와 다노스키의 작업을 보든 들뢰즈와 가타리의 작업을 보든, 원주민은 제국주의 유럽이 집약적으로 보여준 역사와 근대화의 국가주의적 관념에 대한 일종의 절대적 타자를 구현하는 것으로 보이며, 그러한 전복적 다중성 원리의 특권적 장소이자 본원적 사례다.[40] 지 카스트루는 "다중성을 통한 사고는 국가에 대항하는 사고"라고 쓴다.[41] 중요한 각주에서 지 카스트루는 자기가 이 문장을 "《천 개의 고원》의 12, 13장에서 전개된 전쟁기계 이론에 영감을 주었고 또한 《안티 오이디푸스》의 이념들로부터 무언가 만들어내는 법을 아는 몇

안 되는 프랑스 인류학자 중 한 사람이었던(지금도 그러한)" 피에르 클라스트르(Pierre Clastres)를 떠올리며 썼다고 언급한다.[42] 실제로 들뢰즈와 가타리의 《안티 오이디푸스》 텍스트를 둘러싼 핵심 대립 가운데 하나는 유목민과 정주민의 대립이다. 미셸 푸코는 이 책을 "비파시스트적 삶의 입문"이라고 설명한 그의 서문에서 독자들에게 다음과 같이 권고했다. "서구 사상이 그렇게 오랫동안 권력의 한 형식이자 현실에 대한 접근으로 신성시해온 부정적인 것의 오랜 범주들(법·한계·거세·결여·빈틈)에 대한 충성을 철회하라. 긍정적이고 다중적인 것, 획일성보다 차이, 통일성보다 흐름, 시스템보다 유동하는 배열을 선호하라." 그리고 이 모든 것에서 "야만인" 또는 "원시인"의 형상을 포섭하는 유목민의 형상이 중심적 위치를 차지하게 되었다. 들뢰즈와 가타리의 독자에 대한 푸코의 권고는 다음과 같았다. "생산적인 것은 정주하는 것이 아니라 유목하는 것임을 믿으라."[43]

들뢰즈와 가타리는 《안티 오이디푸스》의 유명한 3장 '미개, 야만, 문명'을 "명백히 승리한 자본주의가 결정한 조건"에 의해 "보편적인 것"이 종식된 이후 인간이 "보편적 역사"를 산출할 수 있게 하기에 "충분한 순진무구함을 우리는 어디서 발견하는가?"라고 물으면서 시작했다.[44] "순진무구함"은 이분법적 대립의 변증법적 반전의 문제가 아니었던바, "원시 공산주의"의 이념이 보존되어 공산주의 사회라는 마르크스주의의 이상으로 승화되는 방식에서 그러한 것이 아니었다. 왜냐하면 들뢰즈와 가타리는 "보편적 역사"가 언제나 "필연성의 역사가 아니라 우발성의 역사"이며, "원시적 체계"는 자생적이고, 그것의 "죽음은 …… 언제나 외부에서 온다. 역사는 우발성과 만남의 역사"라는 점을 인식했기 때문이다.[45] 보편사로 되돌아가는 도정은 마찬가지로 "파열과 한계", "전혀 일어나지 않았을지도 모르는 …… 거대한 사고 …… 와 놀라운 만남"을 포함할 것이다.[46] 하지만 "원시" 또는 "야만"은 보편적 인간 역사의 산출에 결정적인 원리, 즉 자본이 파괴한 잠재력을 제공했다. 따라서 들뢰즈와 가타리는 지도자 없는 분절적 사회에 대한 민족지학적 문헌에 지속적으로 관심을 기울였다. 대지에 대해 지니는 관계에서 유목민을 국가에 대립하는 위치에 놓음으로써 결정적인 정치적 원리가 명확히 표현되었다. 저자들은 프리드리히 엥겔스의 말을 인용하여 "오직 국가라는 장치만이 영토적일 텐데", 왜냐하면 "국가는 '사람들이 아니라 영토를 세분화'하고, **종족**의 조직을 지리적 조직으로 대체하기" 때문이라고 쓴다.[47] 그러나 "친족 관계가 대지를 지배하는 것처럼 보이는 곳에서는 지역적 유대의 중요성을 보여주는 것이 어렵지 않다." 들뢰즈와 가타리는 이러한 까닭은 "원시적 기계가 사람들을 세분화하지만, 각 부문의 연결·분리·결합 관계가 다른 관계(따라서 예를 들어 부문의 우두머리와 대지 수호자의 공존이나 상보성)와 함께 새겨져 있는 분할 불가능한 대지에서 그렇게 하기" 때문이라고 주장했다. 하지만 국가가 나누는 것은 대지 그 자체다. "분할이 땅에 발을 디디고 거주하는 관리부에 의해 대지 자체로 확장될 때, 그것은 영토성의 촉진으로 여겨질 수 없다. 반대로 그것은 오히려 원시 공동체에 대한 최초의 위대한 탈영토화 운동의 효과다……. 따라서 야만적이고 원시적인 것은 국가가 있기 전에는 …… 실제로 그 용어의 엄격한 의미에서 유일한 영토적 기계였다."[48]

"원시적이고 분절적인 사회"에 관한 민족지학적 정보는 잘 알려져 있듯이 결국 1980년에 《안티 오이디푸스》의 2권으로 출간된 《천 개의 고원》 12장에서 유목론(nomadology)이라는 과학으로 다듬어졌다.[49] 이 장의 한 부분인 명제 II는 피에르 클라스트르에게 우호적으로 동의하지 않지만, 또한 그에 대한 "추모"로서 작성되었다.[50] 출발점은 다시 한번 "원시적이고 분절적인 사회"가 "국가 없는 사회"일 뿐만 아니라 국가를 막기 위해 적극적으로 조직되었다는 진술이다. 하지만 들뢰즈와 가타리는 클라스트르와는 달리 그러한 사회가 국가의 손길이 닿지 않은 채로 머물 수 있게 하는 "자연 상태"에 존재하지 않았다고 주장한다. 따라서 정주와 유목은 상호 배타적인 이분법을 구성하지 않는다.[51] "국가의 법은 전부 아니면 전무(국가 사회 **아니면** 반국가 사회)의 법이 아니라 내부와 외부의 법이다."[52] 다국적 기업이나 종교 조직과 같이 "국가와의 관계에서 상당한 자율성을 누리는" "거대한 전 세계적 기계"가 존재하며, 또한 "국가 권력의 기관들에 대립하여 분절된 사회의 권리를 계속해서 긍정하는 무리·주변부·소수자의 지역적 메커니즘"도 존재한다.[53] 이 둘은 함께 국가에 대해 외부를 구성하지만, 이분법적 외부는 아니다. 그리고 후자의 집단은 유목론의 원리들을 구현하고 예시한다.

원주민의 형상 자체가 라투르의 《우리는 결코 근대인이었던 적이 없다》의 지면과 《세계의 종언들》에서 다노스키와 지 카스트루의 탈식민화하는 실행에 등장하는 것은 이러한 사유 지형과 특히 1968년 5월 이후 들뢰즈와 가타리의 선도적인 작업 위에서다. 전 지구적 근대성과 근대화의 역사에 대한 이 서사에서는 세 당파가 만들어진다. 나는 이 세 당파를 라투르의 작업, 특히 《우리는 결코 근대인이었던 적이 없다》 및 《가이아와 마주하기》[54]와 깊은 대화를 나누는 다노스키와 지 카스트루의 텍스트에서 그려지는 대로 제시하고자 한다. 이 당파들을 중요한 순서대로 내 용어법에 따라 제시하자면 '원(原)근대인', '원주민 또는 비근대인', '후기근대인'이다. 북대서양의 노예가 이 삼분법적 구별에서 어디에 속하는지는 확신할 수 없지만, 이후 논의에서 각각의 대표자 가운데 몇몇이 등장할 것이다. 지금으로서는 이 삼분법적 구별에 머물고자 한다.

우리는 이 삼분법적 도식 안에서 원주민의 이론적·역사적 계보를 알고 있다. 그들은 '비근대인'으로 지칭된다. 그러나 원근대인은 누구이며, 이 도식에서 왜 '원(原, original)'일까? 원근대인은 (정착민 식민지로 이주한 사람들을 포함하여) 북서부 유럽인이다. 왜냐하면 그들은 라투르가 나중에 《가이아와 마주하기》로 출간하는 기포드 강연에서 제시한 지구 이야기에서 대지에 매인 자(지구온난화를 일으키는 힘에 대립하는 생명체)가 맞서 싸우는 "홀로세의 인간"이기 때문이다.[55] 다노스키와 지 카스트루가 라투르의 텍스트를 해설하듯이, 이 "인간"은 "잘 이해되고 있는 것처럼 다름 아닌 **근대인**, 즉 **원래는** 북서부 유럽인이었지만 점점 더 유럽인이 줄어들고 중국인·인도인·브라질인이 늘어나는 …… 인종"이다.[56] 원근대인은 두 가지 의미에서 본원적이다. 그들은 "근대적"이 된 최초의 사람들이며, 나중에야 "동양과 남방에서 다른 사람들이 그들의 교훈을 너무 잘 배워 근대화의 의지와 책임을 스스로, 그러나 그들 자신의 놀라운 방식으로 짊어졌다"는 것을 알게 된다.[57] 따라서 동양과 남방의 근대화론자들, 즉 중국인·일본인·인도인·브라질인 등은 두 가지 의미에서 본원적이지 않다. 그들은 선행자인 유럽인을 따라 나중에 온다는 점에서 본원적이지 않지만, 또한 근원 또는 탄생을 의미하는 라틴어 origo에서 유래한 '본원적(original)'이라는 말의 어원이 실제로 시사하듯 파생물, 희미한 모방물이라는 점에서도 본원적이지 않다.

다노스키와 지 카스트루는 비근대인의 수와 비교한 본원적이지 않은 근대인의 인구통계학적 비중을 잘 알고 있다. "최근의 유엔 원주민 문제 상설 포럼(2009년) 추산에 따르면 전 세계 70개국에 퍼져 있는" 3억 7000만 명의 원주민은 "확실히 우리의 '기술적 대도시'에 밀집해 있는 약 35억 명(인류의 절반)에는 훨씬 미치지 못하며, 주목할 것은 그 가운데 약 10억 명이 특별히 '기술적'이지 않은 슬럼가에 살고 있다는 점이다."[58] 하지만 다노스키와 지 카스트루의 설명에 따르면 인구통계학적 소수임에도 불구하고—또는 바로 그 때문에—'비근대인'은 그들의 수에 전혀 비례하지 않는 도덕적이고 따라서 정치적인 비중을 지니게 될 것이다. 그 이유는 단순하다. 원근대인이든 후기근대인이든 근대인은 이제 대재앙으로 귀결된 실패한 프로젝트를 대표한다. "자연에 대한 특권적 접근을 확신한 근대인은 스스로를 문명화하는 힘으로 보았고, 저항자들로 하여금 필연적으로 근대인의 세계이기도 한 공동의 세계(단일한 존재론적·세계정치적 체제)의 깃발 아래 결집하도록 설득하고자 했다."[59]

여기서 지구온난화의 과학적 사실은 쟁점이 아니다. 왜냐하면 지 카스트루와 다노스키가 말하듯이 "우리는 지구온난화와 현재 진행형 환경 붕괴 같은 것들이 존재하는지는 논의하지 않는다. 그것은 과학의 역사에서 …… 가장 잘 증명된 현상들 가운데 하나다……. 기후 재앙의 인위적 기원에 관해서는 과학자들 사이에 유의미한 논란이 거의 없기" 때문이다.[60] 이러한 지식의 보급은 사람들을 선의 편으로 끌어들이는 데 "중요한 요인"이 될 수도 있다. 그러나 근대인의 프로젝트는 더는 인류를 통합할 수 없다. 대재앙 이후 세계에서 "모든 통일은 미래에 놓여 있다."[61] 선을 위한 세력은 "서구 민주주의의 '유령 대중'보다는 오히려 **부재하는 사람들**, 즉 들뢰즈와 가타리가 말하는 집단"과 닮은 "'돌이킬 수 없게 소수인'(들뢰즈의 의미에서 소수인) 사람들, 곧 카프카와 허먼 멜빌의 소수자들, 랭보의 열등한 인종, 철학자가 …… 되는 인도인, 즉 앞으로 다가올 사람들, 다시 말하면 '현재에 대한 저항'을 시작하여 '새로운 대지', 다가올 세계를 창조할 수 있는 사람들일 수밖에 없다."[62] "대재앙 이후 시대 또는 그렇게 원한다면 **영구적으로 위축된 인간 세계**"에서는 "대지의 원주민들과 그토록 많은 다른 사회정치적 소수자들의 내체로 적은 인구와 '상대적으로 약한' 기술이 결정적 장점과 자원이 될 수 있을 것이다."[63]

이제 문제는 원주민의 생각과 실천이 과연 인류가 자신의 행성적 환경 위기에서 벗어날 방법을 모색하는 데 지적이고 실천적인 자원을 제공할 수 있느냐는 것이 아니다. 물론 원주민의 생각과 실천, 그리고 다노스키와 지 카스트루의 연구 및 다른 사람들의 연구는 우리에게 그 방법을 설득력 있게 보여준다.[64] 그러나 인간학적 사상의 "영구적 탈식민화"를 실현하는 다노스키와 지 카스트루의 방법이 일본·중국·인도·아프리카의 후기 및 혁명적 근대화론자들뿐만 아니라 프란츠 파농이나 그 문제와 관련하여 인도 달리트(불가촉천민 카스트)의 가장 위대한 근대적 지도자로 언젠가 공개적으로 인도 사회를 자유·평등·박애의 원칙에 따라 완전히 재건할 것을 요구한 암베드카르의 해방적 꿈과 연결되지 않는다는 점은 흥미롭다.[65] 그 대신 함축적으로 본원적이지 않고 파생적인 이 후기근대화론자들은 본원적인 유럽 근대의 이야기를 통해 이미 설명되었다고 여겨진다. 그러나 그것은—계속해서 들뢰즈와 가타리의 말을 빌리자면—인도와 같은 많은 곳에서 유럽 정착민-식민 통치의 집단학살에 가까운 논리를 적극적으로 정교화하지 않은 채 그 삶이 의심할 바 없이 유럽 열강의 지배와 인종차별에 영향받은 아시아와 아프리카에서 근대성을 형성한 파열·불연속성·우발성을 무시하는 것과 같지 않을까?[66] 아시아(그리고 아프리카와 라틴아메리카 일부)의 역사가 없었다면 앞에서 보았듯이 인간 역사는 거대한 가속을 겪지 않았을 것이며, 언제나 들뢰즈와 가타리보다 더 역사가였던 푸코가 "우리의 직접적이고 구체적인 현실"이라고 부른 그 복잡성을 획득하지 못했을 것이다.[67]

나는 다노스키와 지 카스트루가―그들 자신의 작업과 들뢰즈·가타리의 작업 모두에서―유럽 사상과 원주민 사상의 얽힘을 보여주는 것이 유럽의 근대와 원주민을 너무나 날카롭게 구분할 것을 제안하는 특정한 현대 논의에도 불구하고 유익하다고 생각한다. 그들은 라틴아메리카·남아시아·아프리카에서의 유럽 민족지학을 통해 유목과 다중성의 원리에 도달한 들뢰즈와 가타리의 텍스트에서 유럽 사상과 원주민 사상의 양방향적 융합을 보여준다. 1968년 5월이 낳은 프랑스 사상계의 소용돌이에 휘말린 다노스키와 지 카스트루는 더 나아가 그 흥미진진한 얽힘의 감각으로, 세계를 바라보는 아메리카 원주민의 관점에 대한 자신들의 매우 자극적인 성찰을 되살려낸다. 이는 기후변화의 의미에 대한 현재의 인문학 논쟁에 매우 도움이 된다.

하지만 그들이 "대재앙 이후 시대 또는 그렇게 원한다면

영구적으로 위축된 인간 세계"에서는 "대지의 원주민들과 그토록 많은 다른 사회정치적 소수자들의 대체로 적은 인구와 '상대적으로 약한' 기술이 결정적 장점과 자원이 될 수 있을 것이다"라고 말하는 것을 듣는 것은 오싹할 정도는 아니어도 정신을 번쩍 들게 한다.[68] 이것은 대재앙을 통하지 않고는 탈출할 수 없는 현재로, 조너선 리어(Jonathan Lear)가—내가 인정하듯이—기후변화라는 사그라지지 않는 위기에 대한 각국의 대응이 부진한 상황에서 지속되기 어려운 "단순한 낙관주의"와 유용하게 구분한 "급진적 희망"의 여지가 없는 현재로 우리를 내몬다.[69]

원근대, 후기근대, 비근대

그렇다면 인간학에서 "사상의 영구적 탈식민화"를 성취하기 위한 다노스키와 지 카스트루 프로젝트의 전제 조건으로서 후기근대—아시아·아프리카·라틴아메리카 또는 카리브해의 반식민지 근대화론자들—의 역사를 유럽-서구의 원근대 역사에 편입시켜야 하는 까닭은 무엇일까? 송이버섯에 대한 상상력 풍부하고 우아하며 전 지구적인 민족지학에서 애나 칭이 인간과학의 특정 분야에서 "구조적 논리와 대비하고자 프랑스 구조주의의 유산을 배치한 것은 과학과 원주민 사고 사이의 날카로운 이분법을 조장했다"고 지적한 것은 올바르다.[70] 이 지적인 문제에 대해서는 에릭 딘 윌슨(Eric Dean Wilson)이 지구온난화의 완화에 대해 에어컨과 일반적으로 냉매가 제기하는 난제에 관한 교육적이고 감탄할 만한 저서에서 무의식중에 제공하는 또 다른 실마리가 존재한다.[71]

윌슨은 오존층에 20세기의 "구멍"을 만드는 데서 선진국(주로 미국)이 수행한 역사적 역할을 인정한다. 그는 또한 중국·인도·인도네시아 같은 인구 대국에서 에어컨 인기가 높아지고 있다는 사실에 어느 정도 놀라워하며 주목한다. 그는 다음과 같이 쓴다. "하지만 나는 또한 그들 중산층의 안락함에 대한 수요—주로 수백만 대의 새 에어컨에 대한 수요—가 미국 중산층의 수요에 필적한다면 인도·중국·인도네시아 같은 일부 지역뿐만 아니라 세계의 나머지 지역도 금세기 말에는 사람이 거주할 수 없는 곳이 될 수 있다는 생각에 움찔하지 않을 수 없다. 재생에너지로의 전 지구적 이행이 전례 없는 수준의 에너지 소비를 뒷받침할 수 있다는 믿음을 뒷받침하는 증거는 거의 존재하지 않는다."[72]

하지만 윌슨은 이 문제에서 선진국에 부여하는 만큼의 작용력을 인도와 중국, 인도네시아에 부여할 준비가 되어 있지 않다. 그의 비판의 주된 과녁이 미국과 다른 선진국에 의한 냉매의 낭비적 사용이어야 한다는 것은 이해할 수 있지만, 신흥 경제 강국의 지도자들은 이와 관련하여 서방 엘리트들보다 자신의 결정에 책임이 덜해 보인다. 윌슨은 "일정 수준의 안락함과 안전이 인도와 중국 주민들에게 가능해진 만큼, 미국은—유럽의 많은 국가와 함께—종의 생존, 행성의 안보, 전 지구적 경제 피해 및 연대를 언급하면서 '개발도상국'의 이러한 욕구를 근시안적이라 비판하지만, 전반적으로 보아 미국이 배출량을 줄이도록 들볶고 있는 바로 그 나라 시민들의 노동으로 유지되어온 타락한 생활습관에 대해 미국은 연방 차원의 효과적인 조치를 거의 취하지 않고 있다"는 사실을 날카롭게 비판한다.[73]

윌슨은 분명히 위험한 냉매의 부상에 대한 전 지구적 역사를 쓰려고 하지만, 그 허물과 책임을 배분하는 데서 '정의로운' 역사를 쓰려고 한다. 인도와 중국은 그 인구 규모와 근대화의 추진력으로 인해 지구온난화의 미래를 결정할 것이다. 그러나 과거의 더 큰 죄인은 서구 국가들이며, 그들은 자신의 더 크고 역사적인 책임을 면할 수 없다. 윌슨은 "확실히 '미국식 삶의 방식'에 대한 열망은 인도와 중국의 신흥 중산층으로 확산했고, 그들 가운데 일부는 온도 조절과 무분별한 에너지 사용에 대해 유사한 접근을 원한다. 하지만 그렇다고 해서 반드시 미국의 책임이 사라지는 것은 아니다. **이 특별한 욕망의 틀은 서구에서 만들어졌다**"는 것을 인정한다.[74] 그리고 또다시 몇 페이지를 이어간다. "우리는 또한 미국의 배출이 인도·중국·인도네시아의 이미 더운 여름을 훨씬 더 뜨겁게 만들었고 지금도 계속해서 그러고 있다는 사실을 기억해야 한다. 인도에서 열파는 …… 인공 냉방을 생존 필수품으로 만들고 있다. **냉방에 대한 인도의 열망이 커지는 것으로 나타나는 것은 적어도 부분적으로는** 이미 더운 인도 기후를 확실한 지옥으로 몰아넣은 **미국의 오랜 배출 역사에 기인한다.**"[75]

이것은 의심할 바 없이 수니타 나라인(Sunita Narain)과 아닐 아가르왈(Anil Agarwal)이 1991년에 발간한 팸플릿 《불평등한 세계에서의 지구온난화: 환경 식민주의 사례》에서 주장한 "기후 정의" 입장과 얼마간 유사한 정의감이 동기가 된 역사의 한 단편이다.[76] 그러나 또한 그렇게 상상된 정의 관념이 역사가—이 경우에는 윌슨—에게 인도인과 중국인에게서 (공정해 보이는) 온실가스 배출에 대한 역사적 책임뿐만 아니라 그들의 욕망도 마찬가지로 빼앗도록 요구한다는 점도 놀랍다. "온도 조절과 무분별한 에너지 사용"에 접근하고자 하는 그들의 "욕망"은 "서구에서 만들어졌"으며, "적어도 부분적으로는 미국의 오랜 배출 역사에 기인한다." 따라서 상대적으로 덜 중요한 이러한 욕망과 그들의 역사는 미국이나 서구의 행동과 욕망 안으로 접혀들어갈 수 있다. 이것이야말로 후기근대인들이 이 행성적 환경 위기의 역사에서 그다지 중요하지 않은 까닭이다. 그들의 욕망과 행위는 모두 자기 과시적인 제국, 자본주의, 억압, 착취, 백인, 가부장, 인종차별적인 서구 역사를 통해 설명할 수 있다. 그러나 이것은 좋은 의도에서 출발해 자율과 주권을 향한 반식민 해방 투쟁의 정신적 역사 전체를 부정하는 것으로 귀결되는 의미심장한 제국주의적 몸짓 아닐까?

윌슨은 캐스린 유소프의 작업에서, 특히 그녀의 강력하고 전복적인 텍스트 《10억 개의 검은 인류세 또는 하나도 없는》에서 영감을 받았다.[77] 그는 "인류"가 오늘날 같은 "행성적 위기"에 직면한 적이 있는지 묻고서는 이 문제를 직접적으로—제임스 볼드윈(James Baldwin)의 정신에서—"끔찍하게 위험한 것"으로 인정한다.[78] 어떤 인류인가? 윌슨은 계속해서 유소프의 책에서 한 구절을 인용한다. "인류세가 백인 자유주의 공동체에 환경적 피해 노출에 대한 갑작스러운 우려를 선포한다면, 문명·진보·근대화·자본주의라는 기치 아래 이러한 피해가 흑인 및 갈색인종 공동체로 의도적으로 **수출**되어온 역사의 결과로 그렇게 하는 것이다."[79] 논증 구성의 (동일성이 아니라) 동형성에 주목할 수 있을 것이다. 유소프의 텍스트에서 문제가 되는 "피해"가 문명이나 여타 비슷한 용어들의 기치 아래 수출된 것과 마찬가지로 중국인·인도인·인도네시아인의 욕망은 윌슨의 말대로라면 서구에서 "형성"되고 "만들어"졌다.

유소프의 논쟁적인 제목 《10억 개의 검은 인류세 또는 하나도 없는》은 독자에게 이것 아니면 아무것도 없는, 받아들이거나 버리거나, 흥정하지 않고, 유예와 차이의 중간 지점을 찾지 않는 비타협적 양자택일에 마주하게 한다. 데리다의 표현을 빌리자면, "제목이 다소 폭력적이고 논쟁적이며 심문적"이라고 할 수 있다.[80] 그러나 이 제목은 이 역사서의 요점을 배반한다. 이것은 전쟁으로서의 역사, 즉 인종차별적이고 식민주의적인 토지 및 노동 착취에 폭력적으로 종속되고 수용되고/되거나 수탈당한 억압받는 사람들을 위한 전쟁이다. 그 과녁은 일원론적 서구, 그리고 탄광 막장에서 과학을 낳는 지식을 산출하기 위해 수고하는 흑인과 갈색 계층이 뒷받침하는 지질학이나 대지 시스템 과학처럼 인종차별적이고 식민화하는 학문 분과들이다. 그렇다면 이 역사학이 세 가지 버전의 세계사, 즉 실제로 원주민의 추방·죽음·박탈 위에 세워진 정착민 식민지의 역사, 다양한 형식의 노예화를 통해 몸을 수탈당한 사람들의 역사, 그리고 제국이 영국령 인도 같은 곳에서 낳은 식민지 중간계급과 노동계급의 역사 사이의 역사적 차이를 무시하는 것은 전략적이다. 그 역사학은 에릭 윌리엄(Eric William), 줄리우스 니에레레(Julius Nyerere), 또는 간디, 타고르, 암베드카르가 '자본주의', '사회주의', '문명', '대의민주주의' 같은 유럽의 범주에 대해 수행한 대결, 즉 아돔 게타츄(Adom Getachew)가 최근에 지적했듯이 대안적인 "세계 만들기" 실천을 낳은 대결을 무시한다.[81]

이 역사학이 어떤 제도를 창설하는 폭력을 그 제도의 일상적 유지에 필요한 폭력과 같다고 생각하는 것은 마찬가지 전략적 관심에서다. "나는 인종이 …… 백인 지질학(또는 인류세)의 실천에서 명백히 드러나는 지구-세계-공간과 지질학적 거버넌스 체제의 생산에 **기초적인** 것으로 여겨질 수 있다고 제안하고자 한다."[82] 다시 말하면 이런 관점에서는 창설하는 폭력이 일상적 폭력으로서 계속 반복된다. 현대는 과거가 자기와 같은 동일성에서 반복되는 것일 뿐이다. 따라서 "(현재 진행형) 정착민 식민주의" 같은 기술이나 캐나다 출신의 원주민 페미니스트 학자 조이 토드(Zoe Todd)의 다음과 같은 표현이 가능하다. "유럽 학계에서는 캐나다의 '식민지 이후'에 대해 논의하는 경향이 있지만, 나는 우리가 여전히 확고하게 식민지를 경험하고 있다고 확신한다."[83] 나는 똑같은 전략적 관심이 '이주민'이라는 범주를 거부할 것을 요구한다고 생각한다. 원래의 정착민들은 '합법적' 이주민이 아니었다. 그들은 자신의 국가와 법률 그리고 그들이 동원할 수 있는 폭력에 힘입어 원주민을 쫓아냈다. 정착민 식민지 폭력에 기반하여 창설(되고 이 논증이 계속하듯이 그에 의해 유지)되는 국가로 합법적으로 이주한 사람은 이제 '정착민'이 된다. 앞에서 인용한 시드니 출신의 마오리족 철학자 크리스틴 윈터는 자신을 다음과 같이 설명한다.

> 나는 현재 오스트레일리아 시드니라고 불리는 양도된/도난당한 가디갈 나라에서 글을 쓰고 있는 응아티 카후그누누, 응아티 파케하 여성이다. 이것은 나를 여러 가지 면에서 원주민이자 정착민으로 만든다. 나는 나의 위치가 미치는 영향에 대해 끊임없이 경계해야만 한다. 나의 존재는 가디갈의 존재를 대체한다. 나와 가디갈 나라의 관계는 가디갈과 나라의 관계와 같지 않으며 같을 수도 없다. 나는 이 나라로 만들어지지 않았고, 내 조상들과 내 민족의 영혼들은 이 나라에 머물거나 이 나라와 함께 걷지 않는다. 이 나라의 인종들은 나의 친족이 아니다. 그들의 삶은 나의 조상들의 삶, 나의 훼누아(whenua: 땅·토지를 의미하는 마오리어—옮긴이)와 얽혀 있지 않다.[84]

윈터가 '이주민'이라는 범주를 거부하는 데 깔린 윤리적 정서는 매우 뚜렷하다. 게다가 아오테아로아(Aotearoa: 뉴질랜드를 지칭하는 마오리어—옮긴이) 뉴질랜드에서 원주민 정체성이 확립된 사람으로서 그녀의 경험으로 인해 오스트레일리아 원주민 문제에 민감할 수밖에 없었을 것이다. 그러나 나로서는 궁금한 점이 있다. 오스트레일리아나 아오테아로아 뉴질랜드로 이주한 원주민이 아닌 사람은 이 역사학 도식에서 어디에 위치할까? 인도 출신의 숙련된 달리트 '이주민'이 시드니로 들어왔다고 상상해보자. 그들은 확실히 정착민 식민지 폭력을 바탕으로 세워진 국가의 수혜자이며 비원주민 지배를 유지하는 그 모든 폭력의 혜택을 누릴 수 있을 것이다. 하지만 그들이 고향 및 다른 곳에서 카스트가 지배하는 사회의 브라만적 억압에서 벗어나려고 한다 해도 마찬가지로 정착민이 되는 것일까?[85] 아니면 그들은 원래의 정착민이 전혀 그렇지 않았던 '합법적 이주자'로서 인정받을 수 있을까? 또는 기후 위기로 인해 더욱 현실화할 것으로 전망되는 난민 문제를 생각해보자. 비합법적 이민자, 즉 유엔이 인정하는 공식 '난민'이 아니라 세계의 어딘가 다른 곳에서 억압, 폭력 또는 다른 힘들을 피해 도피처를 찾는 자나 선상 난민, 예를 들어 오스트레일리아 해안에 나타나는 선상 난민을 생각해보자. 그들은 '정착민' 범주에 포함될 수 있을까? 내가 이러한 물음들을 제기하는 까닭은 그것들이 현재와 그 현재가 역사에 대해 지니는 관계를 어떻게 생각할 것인가에 결정적으로 중요하기 때문이다. 우리는 현재를 다양한 형식으로 된 과거 구조의 연속으로 보고 있을까? 그 경우 우리는 데브지가 말했듯이 결국 현재를 역사에 맡기게 된다. 아니면 우리는 들뢰즈에 대한 논의에서 보았듯이 역사를 다양한 종류의 파열·불연속성·우발성을 포함하는 과정으로 보고 있을까?

이러한 문제들은 다노스키와 지 카스트루의 '탈식민화' 프로젝트에서 우리가 그 개요의 극히 일부만을 엿볼 수 있었던 전투적 역사학과 무관하지 않다. 그것은 후기근대를 원근대의 역사에 동화시킴으로써 전 지구적 역사를 동원하는 역사학이다. 그러나 역사적·철학적 차이를 넘어서서 이 역사학을 그 외부 입장에서 이루어지는 대화에 참여시킬 방법이 있을까? 왜냐하면 내가 보기에 그러한 작업은—우리의 생각과 행동에서—현재 및 그 현재의 모든 성가신 트러블과 함께 머무르고자 하는 모든 프로젝트에서 긴급하기 때문이다.

트러블과 함께 머무르기: 근대화와 인간의 곤경

대지과학자 윌리엄스와 잘라시에비치는 그들의 책 《우주의 오아시스》에서 현재를 점점 더 근대화하는 인류의 곤경으로 바라본다. 그들은 인간이 자신의 역사에서 현재 와 있는 지점과 행성 기후 시스템에서의 파국적 변화를 피하려면 있어야 하는 지점 사이에 놓인 거대한 간극을 이야기한다.[86] 그들은 오늘날의 소비주의적·자본주의적 삶의 방식이 성공할 수 없다는 것을 의심하지 않는다. 인간의 상황에 대한 칭의 요약은 설득력 있어 보인다. "〔수동적이고 보편적이라고 가정된 자연에 대한 근대의〕 길들이기와 지배가 대지 위에서의 삶이 과연 계속될 수 있을지 불분명할 정도로 엉망진창을 만든 모든 것 …… 한때 우화의 소재로 여겨졌던 종간 얽힘은 이제 생명이 다양한 존재의 상호작용을 어떻게 필요로 하는지 보여주는 생물학자들과 생태학자들 사이에서 진지한 논의 재료가 되었다. 인간은 다른 존재를 짓밟아서는 살아남을 수 없다……. 전 세계의 여성과 남성은 한때 인간에게 주어졌던 지위에 포함되기를 소리 높여 요구했다."[87]

우리는 이제 린 마굴리스, 브뤼노 라투르, 도나 해러웨이, 애나 칭 등을 포함한 많은 학자의 연구 덕분에 인간주의자들이 말하는 '인간'이 시대에 뒤진 것은 아닐지라도 고답적인 범주라는 것을 알고 있다. 개별 인간조차도 그 개별 몸 안팎의 다른 수많은 살아 있는 존재자 및 살아 있지 않은 존재자와 얽혀 존재한다. 하지만 해러웨이와 라투르 등이 제시한 그 모든 창조적이고 강력한 과학적 상상력에도 불구하고, 우리는 인식론적으로 수용 가능한 얽힌 실체로서의 인간 형상을 인간의 제도, 즉 의회·유엔·공장·기업 또는 그 밖의 곳에서의 효과적인 정치적 행위자로 전환할 수 있는 실제적 경로를 발견하지 못했다. 이것이 우리의 제도 내에서 "자연의 권리"에 속하는 주장과 입장을 위한 공간을 만들고자 해온 시도를 부정하는 것은 아니다.[88] 하지만 우리의 제도는 여전히 인간의 현상학적 역량에 기반한다. 제도만이 그러한 것은 아니다. 칭이나 해러웨이가 그들의 저술에서—때때로 바로 그 말들을 사용함으로써—제공하는 자본주의나 인종차별주의, 남성성에 대한 최소한의 역사조차도 우리가 인간을 자기의 현상학적 고독(추상적인 인간 중심적 범주로서 서로 마주하는 노동과 자본) 속에 있다고 상상하지 않으면 작동하지 않는다. 인간 지각 메커니즘의 모든 능력과 단점을 가지고서 세계를 경험하는 인간 말이다.

하지만 "영구적으로 위축된" 인간 역량으로 귀결되는 기후 재해가 인류에게 원주민 비근대인의 축적된 지혜를 올바르게 활용함으로써 또 다른 번영 기회를 줄 것이라는 지 카스트루의 혁명적 낙관론을 뒷받침하는 근거는 전혀 없다. 그런 상황은 일어날 수도 있고 아닐 수도 있다.

그에 더하여 근대화의 이 아이러니한 세계 역사에는 그 자신의 당연한 우발성과 우연성이 없지 않다. 1950년대에 인구가

안정화되었거나 세계가 필요로 하는 에너지를 원자력으로 공급했다면 현재가 어떻게 달라졌을지 상상해보자. 우리가 지금 지닌 다수의 문제는 훨씬 더 심각했을 방사성 폐기물 처리 문제는 말할 것도 없고 원자로에서의 담수 사용, 핵확산 위험이 초래할 추가적 위기와 더불어 여전히 존재했을 것이다. 그러나 온난화는 덜했을 것이다. 요점은 화석화된 탄소뿐만 아니라, 인구가 많은 새로운 국가들에서 '성장과 개발'을 담보하는 점점 더 많은 에너지에 대한 욕망에 연료를 공급하는 해방적 열망과도 심원하게 관련된 기후 정의 문제를 다루지 않고는 인간의 행성적 곤경에 대한 정치가 없다는 것이다. 우리가 이러한 욕망에 대한 책임을 미국 탓으로 돌린다면 지상의 현실에 더 가까이 다가갈 수 없을 것이다. 다음은 인도 북부 하리아나와 히마찰 프라데시 경계에 있는 시발릭 언덕에 사는 한 젊은 마을 여성의 열망을 적은 대략적 기록이다. "최근에 결혼한" 20대인 라다는 2013년에 노르웨이의 한 인류학자에게 자기 아이들의 미래에 대해 다음과 같이 이야기했다.

> 물론 그들〔그녀의 아이들〕은 도시 생활을 원할 거예요. 여기 농장에서의 삶은 너무 힘들고 어떠한 휴식도 없어요. 도시에서는 서서 음식을 만들 수 있는 주방을 가질 수 있고, 시장에 갈 수도

식당에서 음식을 먹을 수도 있죠……. 그리고 도시에서는 남자와 여자가 바라바르〔barabbar, 평등〕해요. 언제나 베일을 쓸 필요가 없죠. 여기서는 삼촌이 오면 베일을 쓰고 차이〔인도식 차(茶)—옮긴이〕를 만들어야 해요![89]

이 진술이 너무도 명확히 증명하듯이 수백만 명의 사람을 인도와 다른 지역의 지속 불가능한 도시로 끌어들이는 것은 단순히 몸의 안락함 때문이 아니다. 그것은 또한 고된 일뿐만 아니라 농촌 생활의 육체적 수고의 가혹함과 불평등 및 가부장제에서 벗어나고자 하는, 비록 이루지 못하거나 이룰 수 없을지라도, 해방의 꿈이기도 하다. 인간이 **그 과정에서 자기 자신을 위험에 빠뜨리지 않는 한** 더 살거나 더 오래 살기를 원하는 것에 그 자체로 도덕적 잘못은 전혀 없다.

과학과 기술은 이러한 열망의 일부지만, 그렇다고 우리가 과학과 기술을 비판해서는 안 된다는 의미는 아니다. 다노스키와 지 카스트루의 비판이 지니는 두 번째 요점인 과학의 재정 거래를 생각해보자. 첫째, 내가 보기에 우리는 인간의 삶이 다른 생명 형식 및 살아 있지 않은 존재자들과 얼마나 얽혀 있는지에 대한 이해를 풍부하게 하는 데서 과학이 수행해온 중추적 역할을 인정해야 한다. 17세기 이후 과학적 도구와 관찰의 발전이 없었다면 우리는 박테리아·바이러스·원생생물 등 인간이 직접 지각하지 못하는 미생물(및 다수자) 생명 형식에 대한 지식을 전혀 갖지 못했을 것이다. 1장에서 살펴보았듯이 오늘날 팬데믹과의 싸움은 그 사실을 끊임없이 상기시킨다. 둘째, 과학, 심지어 대지 시스템 과학도 궁극적으로 근대화의 비극적 역사에 수반되는 역사적 아이러니의 일부분이다. 라투르와 크리스토프 보뇌이는 한꺼번에 쏟아지고 있는 행성성에 관한 많은 발상들이 있다는 사실을 상기하도록 도와주었다.[90] 이 점은 현재와 마찬가지로 과거에도 참이었다. 보뇌이는 아르토그의 "역사성의 체제"라는 표현을 빌려 행성적 사고의 다양한 전통이 존재했던 것과 마찬가지로 행성성의 지배적 체제, 즉 어느 사회에서나 권력의 뒷받침을 받는 행성적 사상이 있었다는 유용한 제안을 덧붙인다.[91] 나는 또한 현재 대지 표면의 행성적 온난화라는 에피소드의 인위적 기원을 정립하고 설명하는 데 있어 대지 시스템 과학이 수행한 역할을 고려할 때, 이 과학이 행성성의 지배적 체제를 대표한다는 점을 기꺼이 인정한다. 우리는 이 과학을 가능하게 한 거액의 자금과 이 과학이 세계 강대국과 유엔 및 그 밖의 다양한 국제기구로부터 받은 지원을 목격해왔다. 이 점이야말로 이 과학에 아이러니의 요소를 부여하는 것이다. 이 과학은 냉전의 산물이며 갈등이 낳은 기술적 진보에 의존하고 있다. 우리 세대의 인류세 개념 개척자인 파울 크뤼천(Paul Crutzen)은 언젠가 자신의 진술이 담고 있는 인류세의 비극적 아이러니를 아마도 인식하지 못한 채 이 아이러니를 긍정적으로 해석한 적이 있다. 그는 이렇게 말했다.

> 우리가 받는 부정적 충격은 우리가 세상을 이해하도록 도와주죠. 대기에 관한 나의 연구는 나를 정말 두렵게 했어요. 그러나 마침내 생각하게 되었죠. 대기가 오염되지 않았다면 우리는 대기에 관해 무엇을 알 수 있었을까요? 오염이 우리에게 자극을 주었고 환경의 작용을 연구할 수 있는 자금 마련의 계기가 되었으니까 말이죠.[92]

크뤼천의 진술은 인간의 진보에 대한 프로메테우스적 견해를 지지하지 않으며, 오히려 그 반대 생각을 고무한다고 할 수 있다. 또한 과학이 어떤 종류의 지식을 생산할 것인지 결정하는 권력과 지배의 구조가 존재한다는 사실도 부정하지 않는다. 우리는 자금 마련에 대한 그의 언급에 주목할 수 있다. 자금이 제대로 지원되지 않는 기후 과학은 자금 지원의 정치에 따라 실제로 달리 보일 수 있다. 그러나 생산된 지식은 여전히 그러한 생산을 용인할 만한 절차와 프로토콜을 통과해야만 한다. 과학에서 모든 합의는 새로운 연구의 도전을 받기 위해서만 존재할 뿐이며, 이것이야말로 과학적 합의가 영구적 불일치와 상충하는 교설 위에서 번성하고 심지어는 합의를 목표로 하지 않는 인문학 분과들에서보다 자주 더 어렵게 얻어지는 까닭이다. "백인 지질학"에 대한 유소프의 비판과 "식민주의 지식"에 대한 버나드 콘(Bernard Cohn)의 선구적 비판에도 불구하고 우리는 만약 과학이 모두 '인종차별적', '백인', '서구적'으로 구성되어 있다면 식민지 출신의 온갖 다양한 계층에서 세계적인 과학자가 등장하는 현상을 어떻게 설명할 수 있을까(이것이 비서구권 과학자들이 겪은 구체적인 인종차별 사례를 부정하는 것은 아니다)?[93] 또는 많은 인도 역사가가 식민화와 지배의 일환으로 확실히 서구에서 시작되어 인도에 들어온 역사학의 계율을 실천하는 데서 취한 즐거움은 어떻게 설명할 수 있을까?[94] "허위의식"이나 〔나이폴(V. S. Naipaul)을 기억하자면〕 "모방하는 사람들"의 이론은 심각하게 잘못된 것이다.[95]

전 지구적 근대화 과정은 본래 역사의 우발성에 영향받지 않는 일종의 원죄로 기능한다고 여겨지는, 자연과 사회의 근본적인 구조주의적 분리에서 비롯된 것이 아니다. 동시에 나는 오늘날의 '탈식민적' 입장과 한때 '포스트식민주의적'으로 여겨진 입장—둘 다 이미 언제나 유럽 사상과 얽혀 있다—사이의 차이가 어떤 '더 높은' 종합으로 화해할 수 없다는 데 동의한다. 내가 보기에 그 과제는 해러웨이와 원주민 철학자들의 표현을 빌리자면 지적으로 그리고 역사적 차이를 뛰어넘어 친족을 만드는 일이다.

지적으로 친족 만들기

내가 서두에서 제안한 명제, 즉 정치적인 것을 지방적·지역적 차원에서 인간적인 무엇으로 받아들여야 한다는 명제로 돌아가 이 책을 마무리하고자 한다. 정치적인 것은 인간 현상학에, 따라서 불일치에 기초한다. 그것은 인류를 다원세계(pluriverse)로 가정한다. 이러한 다원성은 피할 수 없다. 하지만 일원적 대지 시스템의 인간 일상 침입은 이러한 다원성 자체를 긴급한 정치적 문제로 만든다. 이 문제가 긴급한 까닭은 정부간기후변화위원회(IPCC)의 다양한 전환 시나리오와 전 지구적 '탄소 예산' 계산이 가정하는 단일한 행성적 일정에 따라 인간이 행동할 수 없을 것처럼 보이기 때문이다. 인간은 대지 시스템 과학자들이 '하나'라고 생각하는 행성을 '여럿'으로 계속 쪼개나갈 가능성이 있다. 그러나 이것은 또한 기후 관련 비극과 마찬가지로 극단적 기상 이변이 증가하리라는 것을 의미하며, 그 피해는 전 세계의 불우하고 가난한 사람들이 고스란히 떠안을 것이다. 상충하는 다양한 인간 집단이 제시된 행성적 행동 일정을 중심으로 어떻게 함께 모일 수 있을까? 나는 서로 대립하는 입장을 지닌 친족을 만든다거나 우리가 서로 완전히 일치하지 않을 수 있다는 것을 이해한다는 생각이 이 혼란스러운 시대에 방향을 잡는 데 도움이 되기를 바란다. 하나의 정치적 주체로서 기능할 수 있는 인간의 '우리'는 존재하지 않지만, 장뤽 낭시(Jean-Luc Nancy)를 따라 음벰베가 이 위기에서 "공동의 존재"라고 부르는 것을 두고서는 해야 할 일이 많이 남아 있다.[96]

칭이나 로빈 월 키머러(Robin Wall Kimmerer) 같은 학자들은 그것 없이는 근대 세계가 발생하지 않았을 어떤 지적 얽힘을 지적함으로써 길을 제시한다. 사실 칭은 때때로 그녀 생각에 "불행한 세계"로 이어진 "〔과학적〕 개념과 이야기〔과학적 허구〕" 사이에 세워진 경계에 주목하게 한다.[97] 그러나 그녀의 작업은 또한 개념과 이야기 사이의 지속적 변증법을 보여준다. 게다가 판구조론 과학에서처럼 그 둘을 분리할 수 없는 물리과학의 많은 측면이 존재한다. 진실로 우리는 정착민 식민주의의 침략과 폭력이 자행한 원주민 집단학살, 그리고 인류학, 역사학, 심지어 문학 같은 분과들이 다양한 형식의 식민 지배에서 수행한 역할을 부정할 수 없다. 지층학자들의 인류세 개념을 염두에 둘 때조차 우리는 "10억 개의 검은 인류세"를 인정해야만 한다. 그러나 물론 단절과 단층선이 존재하기는 하지만, 인류가 서로 다른 시간과 장소에서 발전시켜온 지식 사이에는 어떠한 해저 심연도 존재하지 않는다.

로빈 월 키머러의 아름다운 책 《향모를 땋으며》는 서로 다른 지식 실천을 가로지르는 친족 만들기에 대한 매우 교훈적인 설명을 제공한다.[98] 그녀는 숙련된 식물학자다. 우리는 그녀가 어느 날 아침 "솔잎 낙엽 더미에서, 어둠에서 빛으로, 여전히 그 통로의 액체와 함께 반짝이며 밀어올리는 **푸포위**(puhpowee)" "부드러운 흰색" 버섯을 이야기하는 부분에서 책을 펼친다.[99] 버섯은 그녀가 식물학이라는 과학을 통해 바라본 세계와의 관계에 대해, 그리고 자신의 "잃어버린" 첫 번째 언어를 통해 같은 버섯에 다가갈 때 그 관계가 어떻게 달라지는지를 생각하게 한다. 그녀의 식물학적 언어는 그녀 표현대로 "유창"하다. 그녀는 과학을 거부하지 않는다. 식물학은 그녀에게 "세심한 관찰"의 언어, "작은 부분 하나하나에 이름을 붙여주는 친밀한 어휘"를 제공한다. 그녀는 과학이 "보는 재능을 연마해준다"고 말한다. 그러나 "무언가 빠져 있다……. 과학은 존재를 그 작동하는 부분들로 환원하는 간격의 언어일 수 있다. 과학은 대상들의 언어다." 이 언어는 "엄밀"하지만, "이 해안의 모국어에서 번역될 때 나타나는 문법상의 심원한 오류, 생략, 심각한 손실에 기초한다."[100]

키머러가 "사라진 언어의 첫맛을 본 것"은 **푸포위**라는 단어가 그녀의 혀에 닿았을 때다. "나는 아니시나베(Anishinaabe)족 민족식물학자 키웨이디노퀘이(Keewaydinoquay)의 책에서, 우리 민족〔오대호 주변에 살았던 포타와토미(Potawatomi)족〕의 전통적인 균류 사용에 관한 한 논문에서 우연히 그 단어와 마주쳤다." 그녀는 **푸포위**가 "버섯을 하룻밤 사이에 땅에서 밀어올리는 힘"으로 번역되었다고 설명한다. "생물학자로서 나는 아연했다"고 키머러는 말한다.

> 이 새로운 단어의 세 음절에서 나는 축축한 아침 숲에서 자세히 관찰하는 과정 전체, 그에 상응하는 영어를 가지지 못한 이론의 정식화를 볼 수 있었다. 이 단어를 만든 사람들은 모든 것을 살아 움직이게 하는 보이지 않는 에너지로 가득한 존재의 세계를 이해했다.[101]

이 경험을 통해 키머러는 다른 수백 개의 원주민 언어와 마찬가지로 "모국어를 말하는 것이 금지된 정부 기숙학교에서 원주

민 아이들의 입에서 사라진" 그 자신의 언어를 되살리고 다시 배우게 되었다.[102]

나는 키머러의 사고에 대해 어떤 보편성을 주장하지 않는다. 내가 주장하는 것은 전형성이다. 그녀는 가르친다. 그녀는 그녀 자신의 예를 통해 실제적이고 심각한 차이, 즉 숙련된 생물학자인 그녀 자신과 원주민인 그녀 자신 안에 존재하는 차이를 가로질러 말하는 법을 보여준다. 이것은 바로 기후변화라는 비상사태에 직면하여 '함께하기'의 정치다. 키머러는 식물학이라는 과학과 그 고장 원주민 지식 사이에 친족 만들기가 가능함을 보여준다. 지적 친족 만들기는 차이를 지우고 동일성을 만들어내지 않는다. 얽힘과 마찬가지로 그것은 우리가 지적으로, 내부에서 복수적이게끔, 호미 바바가 언젠가 "'내부의' 차이"[103]라고 부른 위험한 쾌락을 누릴 수 있도록 해준다.

피날레

포스트식민주의와 탈식민주의, 그리고 유럽 사상의 역사적 얽힘에 경의를 표하는 작은 몸짓으로 이 책을 마무리하고자 한다. 기후변화는 다차원적이고 사악한 문제인바, 이 문제는 인간 역사에 내재하는 인간적 관심의 복수성을 고려할 때 자본주의 전복이나 근대성 폐기와 같은 지극히 총체적인 해결책을 실천적으로 받아들이기 어렵다. 제국주의 서구의 자기과시적 역사를 제쳐두더라도 그러한 종류의 입장은 이른바 서구 밖에서 깊고도 광범위하게 이루어져온 근대성 및 근대화에의 참여와 타협하는 데 실패한다. 하지만 총체화하는 해결책은 실천적 측면에서 그다지 도움이 되지 않을지라도 종종 아주 대안적인 방식으로 사회와 삶을 상상할 수 있게 해준다. 마르크스의 공산주의 사회 유토피아, 《힌드 스와라지(Hind Swaraj)》에서 산업적/서구적 문명에 대한 간디의 비판은 현재 '원주민'이라는 표지 아래 취해지는 지적-비판적 입장과 같은 종류다. 이러한 견해들이 없었다면 세계가 어떻게 완전히 달라졌을지 상상하기 어렵다.[104] 이들은 다노스키와 지 카스트루의 작업이 아주 명확하게 해주듯이 그와 함께, 그로부터 생각하기에 좋은 입장들이다. 동시에 근대성에 대한 전 세계적 투자와 근대화에 대한 욕망은 한때 유럽적이었지만 지금은 어디에나 있는 일정한 해방적 욕망과 분리될 수 없다. 그러나 이 모든 역사적-문화적 단층선은 태양열판과 전기차에서 기후 공학에 이르기까지 어떠한 실용적인 기술 조치도 완벽해 보이지 않는, 기후 스트레스가 점점 더 심해지는 세계에서 협상을 통해 처리되어야 한다.

하지만 적어도 대지 시스템 과학자들에게 이 행성은 하나다. 그들은 행성의 기후 시스템을 하나로 간주한다. 인간은 여럿이고 여러 가지 방식으로 분열하지만 서로 연결되어 있다. 친족 만들기는 차이들 주변에서, 차이들을 가로질러 연결을 만들어내는 방법이다. 우리가 얼마나 빨리 그렇게 할 수 있느냐에 따라 인간의 정치가 우리 시대의 행성적 도전에 얼마나 적절하게 대처할 수 있는지를 결정할 것이다.

감사의 글

기후변화를 연구하면서 나는 그 이름을 일일이 거론할 수 없을 정도로 많은 분께, 지적으로나 다른 많은 방식으로, 내가 자세히 기술하지 못할 정도의 빚을 져왔다. 2021년 출간한 책《행성 시대 역사의 기후》에서 감사를 표했던 동료와 친구들에게 계속해서 그들과 함께 생각해온 만큼 다시 한번 고마움을 전한다. 그에 더하여 지금 그 책에 대해 공식적이든 비공식적이든 비판적 논의에 참여해준 전 세계의 수많은 친구와 동료에게도 감사드린다. 역시나 일일이 열거하기에는 너무 많지만, 그들의 날카로운 물음은 내가 그 책을 넘어서서 생각할 수 있도록 도와주었다.

이 책을 세 명의 친구에게 우정과 감사의 마음을 담아 바친다. 그 가운데 한 명은 슬프게도 세상을 떠났다. 고(故) 브뤼노 라투르와의 함축적이고도 명시적인 대화와 논쟁은 아마도 이 책의 모든 페이지에 새겨졌을 것이다. 그가 이 책을 인쇄본으로 볼 수 없다는 것은 내게 한없는 슬픔이다. 호방한 그는 의견 불일치와 논쟁을 즐기면서 우정의 영역으로 사람들을 끌어들이는 드문 능력을 지녔다. 나의 작업은 그의 따뜻한 우정과 지적 관대함에서 엄청난 도움을 받았다. 광대한 학식과 호기심을 가진 또 다른 학자이자 오늘날 역사적 시간에 관한 우리 생각의 핵심 건축가 가운데 한 사람인 프랑수아 아르토그는 지난 5~6년 동안 자신의 사상과 글을 아낌없이 공유해주었고, 그의 우정은 나의 삶을 한없이 풍요롭게 해주었다. 또한 나는 이 기회를 빌려 우리 시대의 또 다른 중요한 사상가이자 학자인 에티엔 발리바르(Etienne Balibar)에게서 여러 해 동안 받은 격려에 경의를 표하고자 한다. 나는 언제나 그의 연구에서 배웠으며, 특히 〈역사의 기후: 네 가지 테제〉가 아직 초안이었을 때 그가 전해준 비판적이고 관대하며 열정적인 논평은 결코 잊지 못할 것이다. 생물학적 종(species) 개념과 마르크스의 '유적 존재(species-being)' 개념의 차이를 처음 생각하게 된 것도 그 덕분이었다. 이후로도 그는 이 작업을 계속해서 격려해주었다.

이 책을 완성하도록 추동하면서 인내심을 갖고 기다려준

래미 타고프와 수 라민(Sue Ramin)에게 감사의 마음을 전한다. 10년 넘게 나를 사로잡아온 일련의 문제에 관한 생각을 확장할 수 있도록 이 기회를 제공해준 그들에게 나는 여전히 감사하고 있다. 내 친구이자 연구 조교인 제라드 시아니(Gerard Siarny)는 거의 10년 동안 지적 여정을 함께해왔다. 학문적이고 기술적인 그의 모든 도움과 제안에 대해 감사를 표한다. 출판을 준비하는 과정에서 건설적 비판을 해준 분들과 편집 관련 제안을 해준 메건 미셸 멘돈카(Megan Michel Mendonca)에게도 감사의 말을 전한다.

마지막으로 나의 인생에서 그들의 사랑과 뒷받침이 없었다면 삶과 일이 모두 불가능했을 두 사람, 아내 로초나 마줌다르(Rochona Majumdar)와 아들 아르코 차크라바르티(Arko Chakrabarty)에게 감사를 전하게 되어 기쁘지 않을 수 없다. 또한 이 책의 작업이 진행되는 동안 안타깝게도 각자 암과의 싸움을 마친 내 삶에서 중요한 다른 두 사람, 리미(Rimi)와 카베리(Kaveri)를 애정 어린 마음으로 기억한다.

여기 실린 글들은 내가 *American Historical Review*, *Contributions to Indian Sociology*, *Daedalus*, *Journal of the Philosophy of History*에 게재한 일부 자료를 바탕으로 작성했다. 1장은 *Contributions to Indian Sociology*의 첫 번

째 연례 강연으로 발표했으며, 2021년에 해당 저널의 제55권 제3호에 게재되었다. 이를 약간 수정하여 이 책에 실었다. 2장은 2020년 *Journal of the Philosophy of History*의 제14권 제3호에 실린 브뤼노 라투르와의 대담, 〈행성적 규모의 갈등—하나의 대화〉에서 내가 쓴 내용을 바탕으로 확장한 것이다. 또한 2장에는 2011년 *American Historical Review*의 제116권 제3호에 실린 〈근대성의 혼란〉 중 몇몇 단락도 포함되어 있다. 그리고 3장의 일부는 2022년 *Daedalus: The Journal of the American Academy of Arts and Sciences*의 제151권, 제3호에 〈행성적 인문학: 탈식민/포스트식민주의 분열을 가로지르기〉라는 제목으로 발표했다. 이 자료의 일부를 여기서 다시 사용할 수 있도록 허락해준 데 대해 해당 저널들의 편집자 및 출판사에 감사드린다.

주

서론: 행성과 정치적인 것

1. Dipesh Chakrabarty, "Postcolonial Studies and the Challenge of Climate Change," *New Literary History* 43, no. 1 (2012년 겨울호): 1-18.
2. Dipesh Chakrabarty, "The Climate of History: Four Theses," *Critical Inquiry* 35, no. 2 (2009년 겨울호): 197-222.
3. Nigel Clark & Bronislaw Szerszynski, *Planetary Social Thought: The Anthropocene Challenge to the Social Sciences* (Cambridge: Polity, 2021), 49와 그 밖의 다른 곳.
4. Ian Baucom, *History 4° Celsius: Search for a Method in the Age of the Anthropocene* (Durham, NC: Duke University Press, 2000). 나는 또한 (보컴을 포함하여) 많은 동료에게서 공감의 반응을 얻었는데, 그들의 격려에 여전히 감사하다. 내 논문에서 E. O. 윌슨의 저술들에 대한 언급은

"The Climate of History: Four Theses" 참조.

5. Dipesh Chakrabarty, *The Climate of History in a Planetary Age* (Chicago: University of Chicago Press, 2021)의 3장 '행성: 인간주의적 범주', 70, 78-79 참조.
6. 같은 책, 3-4.
7. 같은 책, 69.
8. 같은 책, 85. 또한 18도 참조.
9. 《행성 시대 역사의 기후》는 이 일곱 가지 명제에 대한 더 자세한 설명으로 읽을 수 있다.
10. 같은 책, 70.
11. Erle C. Ellis, *Anthropocene: A Very Short Introduction* (Oxford: Oxford University Press, 2018); Tim Lenton, *Earth System Science: A Very Short Introduction* (Oxford: Oxford University Press, 2016).
12. Clark & Szerszynski, *Planetary Social Thought*, 29.
13. Clark & Szerszynski, *Planetary Social Thought*, 11, 21. Mark Williams & Jan Zalasiewicz, *The Cosmic Oasis: The Remarkable Story of Earth's Biosphere* (Oxford: Oxford University Press, 2022), 29: "대지 시스템 과학은 대지를 물리학적·화학적·생물학적 구성요소들을 포괄하는, 그리고 그것들의 총계 이상인 통합된 체계로서 다룬다".
14. 앞의 Ellis와 Lenton 참조.
15. www.igbp.net/globalchange/earthsystemdefinitions.4.d8b4c3c12bf3be638a80001040.html.
16. Jean-Paul Sartre, Preface to *The Wretched of the Earth* by Frantz Fanon, trans. Richard Philcox, with a foreword by Homi K. Bhabha

(New York: Grove Press, 2004), lix.

17. Kathryn Yusoff, *A Billion Black Anthropocenes or None* (Minneapolis: University of Minnesota Press, 2018), 106.

18. 같은 책, 107. 또한 12-13도 참조.

19. 이 논증의 확장에 대해서는 Chakrabarty, *The Climate of History* 참조. 초객체에 대해서는 Timothy Morton, *Hyperobjects: Philosophy and Ecology after the End of the World* (Minneapolis: University of Minnesota, 2013) 참조.

20. Dipesh Chakrabarty, *Provincializing Europe: Postcolonial Thought and Historical Differences* (2000; 새로운 서문을 추가한 개정판, Princeton: Princeton University Press, 2008).

21. Baucom, *History 4° Celsius*, 특히 44-72.

22. 같은 책, 22-23.

23. Achille Mbembe, "Decolonizing Knowledge and the Question of Archive". Baucom, *History 4° Celsius*, 25에서 인용. 이것은 2015년 음벰베가 행한 강연이었다. 온라인 버전은 https://wiser.wits.ac.za/system/files/Achille%20Mbembe%20-%20Decolonizing%20Knowledge%20and%20the%20Question%20of%20the%20Archive.pdf 참조.

24. Thomas Nail, *Theory of the Earth* (Stanford: Stanford University Press, 2021). 다음 몇 단락은 내 책 《행성 시대 역사의 기후》에 관한 포럼을 위해 내가 쓰고 《환경 철학(Environmental Philosophy)》에 실린 글을 바탕으로 작성했다. 포럼을 주도하고 조직한 제러미 벤디크키머(Jeremy Bendik-Keymer)에게 감사의 마음을 전한다.

25. Nail, *Theory of the Earth*, 95.

26. 같은 책, 109.

27. 같은 책, 242.

28. 같은 책, 242.

29. 같은 책, 260(강조는 인용자).

30. Chakrabarty, *The Climate of History*.

31. 프랑수아 아르토그의 논문 "*Chronos*, *Kairos*, *Krisis*: The Genesis of Western Time"에 관하여 *History and Theory* 60, no. 3(September 2021)에 실린 심포지엄 참조.

32. UN이 발표한 다음 보도자료 참조. https://press.un.org/en/2021/sgsm20847.doc.htm.

33. Aristotle, *The Nicomachean Ethics* in *The Complete Works of Aristotle: The Revised Oxford Translation*, Book V, ed. Jonathan Barnes, trans. W. D. Ross, revised by J. O. Urmson (Princeton: Princeton University Press, 1984), 1,788.

34. Donna Haraway, *Staying with the Trouble: Making Kin in the Chthulucene* (Durham, NC: Duke University Press, 2016).

35. 2021년 6월, 뉴스쿨 대학에서의 내 발표에 공개적으로 논평하면서 이 점을 지적해준 철학자 제이 번스타인(Jay Bernstein)에게 감사드린다. 역사의 범주들에 대해 비판적으로 생각하는 것이 역사를 넘어서는 나의 사고 방법이라는 그의 관찰은 현재의 맥락에서도 적절해 보인다.

1 팬데믹과 우리의 시간 감각

1. Bruno Latour & Peter Weibel eds., *Critical Zones: The Science and Politics of Landing on Earth* (Cambridge, MA: MIT Press, 2020).
2. Jan Zalasiewicz, "Old and New Patterns of the Anthropocene," in "Strata and Three Stories," ed. Julia Adeney Thomas & Jan Zalasiewicz, special issue, *Perspectives: Transformations in Environment and Society*, no. 3 (2020): 16. 또한 J. R. McNeill & Peter Engelke, *The Great Acceleration: An Environmental History of the Anthropocene since 1945* (Cambridge, MA: Harvard University Press, 2014)도 참조.
3. Andrew S. Goudie & Heather A. Viles, *Geomorphology in the Anthropocene* (Cambridge: Cambridge University Press, 2016), 28.
4. Clive Ponting, *A New Green History of the World* (London: Penguin Books, 2007), 412.
5. Will Steffen et al., "The Trajectory of the Anthropocene: The Great Acceleration," *Anthropocene Review* 2, no. 1 (2015): 1-18; Ripple et al., "World Scientists' Warning of a Climate Emergency 2021," *BioScience* 71, no. 9 (2021년 9월).
6. Hannes Bergthaller, "Thoughts on Asia and the Anthropocene," in *The Anthropocenic Turn: The Interplay Between Disciplinary and Interdisciplinary Responses to a New Age*, ed. Gabriele Durbeck and Phillip Hupkes (London: Routledge, 2020), 78.
7. 이에 관한 더 많은 내용은 내 책 *The Climate of History in a Planetary Age* (Chicago: University of Chicago Press, 2021) 서론 참조.

8. Bergthaller, "Thoughts on Asia and the Anthropocene," 78.
9. 이 회의에 관한 더 많은 내용은 https://zzf-potsdam.de/en/veranstaltungen/chronopolitics-time-politics-politics-time-politicized-time 참조. '시정학'이라는 표현의 초기 사용에 대해서는 Hartmut Rosa, *Social Acceleration: A New Theory of Modernity*, trans. Jonathan Trejo-Mathys (New York: Columbia University Press, 2015; 독일어 초판, 2005), 12 참조.
10. 나는 자발적으로 백신 접종에 저항하는 사람들의 경우는 제쳐두고 있다. 그들은 다양한 이데올로기가 미래에 대한 자신들의 선택과 상상에 영향을 미치는 복잡한 경우다. 그러나 그들은 또한 확실히 자신들의 선택이 인정받고 존중받는 '민주적인' 현재에 살고 싶어 한다.
11. 여기서 내 생각은 지적으로 현재주의(presentism)에 대한 프랑수아 아르토그의 논의에 많이 빚지고 있다. 다음 책 참조. François Hartog, *Regimes of Historicity: Presentism and the Experiences of Time*, trans. Saskia Brown (New York: Columbia University Press, 2015; 프랑스어 초판, 2003), 그리고 *Chronos: L'Occident aux prises avec le Temps* (Paris: Gallimard, 2020)〔영어판은 *Chronos: The West Confronts Time*, trans. S. R. Gilbert (New York: Columbia University Press, 2022)〕.
12. Nathan Wolfe, Claire Panosian Dunavan, and Jared Diamond, "Origins of Major Human Infectious Diseases," *Nature* 447 (2007년 5월 17일): 281.
13. David M. Morens et al., "Pandemic COVID-19 Joins History's Pandemic Legion," *mBio* 11, no. 3 (2020년 5-6월): 1.
14. 같은 글, 3-4.

15. 같은 글, 3-4(강조는 인용자).

16. David M. Morens & Anthony S. Fauci, "Emerging Pandemic Diseases: How We Got to COVID-19," *Cell* 182 (2020년 9월 3일): 1077(강조는 인용자).

17. David Quammen, *Spillover: Animal Infections and the Next Human Pandemic* (New York: W. W. Norton, 2012), 44.

18. R. E. Kahn et al., "Meeting Review: 6th International Conference on Emerging Zoonoses," supplement, *Zoonoses and Public Health* 59, no. S2 (2012): 6.

19. Morens, "Pandemic COVID-19," 4.

20. Quammen, *Spillover,* 40.

21. 같은 곳.

22. UN Environment Programme & the International Livestock Research Institute, *Preventing the Next Pandemic: Zoonotic Diseases and How to Break the Chain of Transmission* (Nairobi, Kenya: 2020); Barney Jeffries, *The Loss of Nature and the Rise of Pandemics: Protecting Human and Planetary Health* (Gland, Switzerland: World Wide Fund for Nature, March 2020).

23. UN, *Preventing the Next Pandemic*, 15-17.

24. Jeffries, *The Loss of Nature*, 14.

25. Vincent C. C. Cheng et al., "Severe Acute Respiratory Syndrome Coronavirus as an Agent of Emerging and Reemerging Infection," *Clinical Microbiology Reviews* (October 2007): 683.

26. David M. Morens et al., "Perspective Piece: The Origin of COVID-

19 and Why It Matters," *American Journal of Tropical Medicine and Hygiene* 103, no. 3 (2020): 955.

27. Quammen, *Spillover*, 207-8.
28. 같은 책, 290.
29. Hartog, *Regimes of Historicity*.
30. Pierre Charbonnier, "'Where Is Your Freedom Now?' How the Moderns Became Ubiquitous," in Latour and Weibel, *Critical Zones*, 77.
31. Charbonnier, "'Where Is Your Freedom Now?'"
32. Roman Jakobson, "Linguistics and Poetics," in *Style in Language*, ed. Thomas E. Sebeok (Cambridge, MA: MIT Press, 1960), 5. 야콥슨이 브로니슬라프 말리노프스키의 저서를 많이 읽지 않았고 언어의 의례적 기능의 관념을 이집트학 전문가 앨런 가디너(Alan Gardiner)에게서 얻었을 수 있다는 것은 다음에서 논의된다. Rasmus Rebane, "The Context of Jakobson's Phatic Function," in *(Re)considering Roman Jakobson*, ed. Elin Sutiste, Remo Gramigna, Jonathan Griffin, & Silvi Salupere (Tartu: University of Tartu Press, 2021), 227-44. 말리노프스키의 원래 논문은 Malinowski, "The Problem of Meaning in Primitive Languages," in *The Meaning of Meaning*, ed. C. K. Ogden & I. A. Richards (London: K. Paul, Trench, Trubner and Co., 1923), 296-336이다. 또한 뒤의 주 37도 참조.
33. 최근 이메일(2021년 10월 8일자)에서 사회학자 아미타 바비스카(Amita Baviskar)는 나를 일깨우는 다음과 같은 이야기를 전해주었다.

    제 생각에 여기 델리에서 두 번째 물결이 한창일 때인 〔2021년〕 5월 초에 제가 쓴 이 페이스북 게시물을 당신이 읽어보면 좋겠습니다. 〈**वाच रया**?(살아 있나요?)〉 1990년대 초, 나르마다 계곡에 살던 저는 빌과 빌랄라 아디바시가 매주 열리는 하아트〔시장〕나 다른 곳에서 아는 사람을 만나면 "**वाच रया**?"라는 질문으로 서로 인사하는 것을 발견했습니다. 그것은 "**पुरयिा पुरयिा वाच रया**?"의 축약형입니다. 글자 그대로 힌디어로 옮기면 이 문구는 "**बच्चे बच रहे है**?(아이들은 살아 있나요?)"라는 뜻입니다. "잘 지내세요?"가 아닙니다. 이것은 훨씬 더 기본적인 관심사, "아이들은 살아 있나요?"입니다. 기아와 영양실조에 시달리고, 의료 혜택이 거의 없으며, 내가 아는 모든 어머니가 자기 아기의 죽음을 지켜봤고, 설사부터 뱀에 물리는 일까지 온갖 일로 마을마다 언덕에 작은 무덤들이 쌓여가는 곳에서는 사람들끼리 "**वाच रया**?"라고 묻는 것이 온당합니다. "그들은 살아 있나요?" 왜냐하면 불의의 죽음이 언제나 삶의 동반자처럼 어깨 위에 앉아 있었기 때문입니다. 30년 후 제가 도시 엘리트 집단에서 이 질문을 하게 될 줄은 전혀 생각하지 못했습니다. **वाच रया**?

이메일 인용을 허락해준 바비스카 교수에게 감사드린다.

34. Dipesh Chakrabarty, *The Climate of History in a Planetary Age* (Chicago: University of Chicago Press, 2021).
35. Arvind Elangovan, *Norms and Politics: Sir Benegal Narsing Rau in the Making of the Indian Constitution* (Delhi: Oxford University Press, 2019) 참조.
36. Arvind Elangovan, 2021년 5월 24일자 이메일. 이메일 인용을 허락해준 엘란고반에게 감사드린다.

37. Gunter Senft, "Phatic Communion," in *Culture and Language Use*, ed. Gunter Senft, Jan-Ola Ostman, & Jef Verschueren (Amsterdam: John Benjamins Publishing Co., 2009), 226-33에서의 논의 참조.

38. Michel Foucault, *Security, Territory, Population: Lectures at the College de France 1977-1978*, ed. Michel Senellart, trans. Graham Burchell, English Series ed. Arnold I. Davidson (New York: Palgrave Macmillan, 2007), 115.

39. Latour & Weibel, *Critical Zones*, 75.

40. Foucault, *Security*, 1. 이 책의 편집자는 푸코가 "생명권력"이라는 표현을 '사회는 방어되어야만 한다'는 원리에 관한 1975~1976년 강연에서 사용했다고 지적한다(p. 24, n.1).

41. Foucault, *Security*, 77-78에서의 간단한 논의 참조.

42. 같은 책, 22.

43. 같은 책, 36, 67-75, 96.

44. 같은 책, 276. 그러나 그렇다면 라투르가 말하듯이 "우주에서 대지의 위치에 대한 우리의 생각이 수정될 때 사회질서에서 혁명이 일어날 수 있다. 갈릴레오를 기억하라. 천문학자들이 지구가 태양 주위를 돈다고 선언했을 때, 사람들은 마치 사회의 전체 구조가 공격받는 것처럼 느꼈다"는 것은 사실이다. Latour & Weibel, *Critical Zones*, 13.

45. Foucault, *Security*, 276.

46. Lynn Margulis & Dorian Sagan, *Microcosmos: Four Billion Years of Evolution from Our Microbial Ancestors* (1986; 개정판, Berkeley: University of California Press, 1997), 16.

47. David M. Morens, Gregory K. Folkers & Anthony S. Fauci, "The

Challenge of Emerging and Re-emerging Infectious Diseases," *Nature* 430 (July 8, 2004): 242. 리처드 크로즈 책의 완전한 제목은 *The Restless Tide: The Persistent Challenge of the Microbial World* (쉼 없는 조류: 미생물 세계의 영속적 도전) (Washington, D.C.: National Foundation for Infectious Diseases, 1981)이다. 크로즈(1925~2015)의 상세한 이력은 David M. Morens, "Richard M. Krause: The Avuncular Avatar of Microbial Science," *Proceedings of the National Academy of Sciences of the United States of America* 113, no. 7 (February 16, 2016): 1681-83 참조.

48. Morens, Folkers & Fauci, "The Challenge," 248.
49. Morens & Fauci, "Emerging Pandemic Diseases," 1078.
50. Krause, *The Restless Tide*, 11.
51. 같은 책, 12.
52. Wolfe, Dunavan, & Diamond, "Origins," 282.
53. 같은 곳.
54. Morens & Fauci, "Emerging Pandemic Diseases," 1080.
55. 같은 글, 1078.
56. 같은 글, 1980. 이 점은 사스와 유사한 박쥐 β-코로나바이러스 또는 사브코로나바이러스(sarbecoronavirus)로 예시되는데, 그것들의 수용체 결합 도메인은 다양한 포유류 수용체를 표본 추출함으로써 조진화하는 것으로 보인다.
57. 같은 글, 1081.
58. Quammen, *Spillover,* 137(강조는 인용자).
59. Krause, *The Restless Tide,* 12.

60. Morens & Fauci, "Emerging Pandemic Diseases," 1078.

61. 라투르는 잘 알려져 있듯 Latour, *We Have Never Been Modern*, trans. Catherine Porter (Cambridge, MA: Harvard University Press, 1993. 프랑스어 초판, 1991)에서 "근대적인 것의 구성"에 대해 말한다.

62. Paul G. Falkowski, *Life's Engine: How Microbes Made Earth Inhabitable* (Princeton: Princeton University Press, 2015), 39.

63. Dorothy H. Crawford, *Viruses: A Very Short Introduction* (2011; 개정판, Oxford: Oxford University Press, 2018), 17-18.

64. Ed Yong, *I Contain Multitudes: The Microbes Within Us and a Grander View of Life* (New York: Harper Collins, 2016), 128.

65. 이 주권의 문제들에 대해서는 Nathan Wolfe, *The Viral Storm: Dawn of a New Pandemic Age* (New York: St. Martin's Griffin, 2011), 212-15 및 12장의 논의 참조. 울프는 더 많은 바이러스의 습격이 실제로 일어날 수 있지만, 세계의 강력한 제도들의 구성과 집합은 그대로 유지될 것이라는 가정하에 쓰고 있다.

66. Jean-Paul Sartre, Preface to Frantz Fanon, *The Wretched of the Earth,* trans. Richard Philcox (New York: Grove Press, Grove Press, 2004; 프랑스어 초판, 1961), lix.

67. Lena Reitschuster, "Beyond Individuals: Lynn Margulis and Her Holobiontic Wolds," in Latour & Weibel, *Critical Zones*, 353. Yong, *Multitudes*, 157. 라이추스터는 Lynn Margulis, "Symbiogenesis and Symbionticism" in *Symbiosis as a Source of Evolutionary Innovation: Speculation and Morphogenesis*, ed. Lynn Margulis & Rene Fester (Cambridge, MA: MIT Press, 1991), 1-14를 인용하고 있다.

68. 데스프레의 작업에 대해서는 Vinciane Despret, *What Would Animals Say If We Asked the Right Questions?*, trans, Brett Buchanan (Minneapolis: University of Minnesota Press, 2016) 참조.

69. Hannah Arendt, "The Jew as Pariah: A Hidden Tradition," in *Reflections on Literature and Culture*, ed. and intro. Susannah Young-ah Gottlieb (Stanford: Stanford University Press, 2007), 69-90 및 Gilles Deleuze & Felix Guattari, *Kafka: Towards a Minor Literature,* trans. Dana Polen (Minneapolis: University of Minnesota Press, 1986. 프랑스어 초판, 1975) 참조. 또한 "An Interview with Dipesh Chakrabarty" in *Unacknowledged Kinships: Postcolonial Studies and the Historiography of Zionism,* ed. Stefan Vogt, Derek Penslar & Arieh Saposnik (Waltham, MA: Brandeis University Press, forthcoming)에서의 내 언급도 참조.

70. Ed Yong, *I Contain Multitudes*, 264(강조는 인용자).

71. Bruno Latour, *Facing Gaia: Eight Lectures on the New Climatic Regime,* trans. Catherine Porter (Cambridge: Polity, 2017. 프랑스어 초판, 2015).

72. Latour, *Facing Gaia*, 247, 248.

73. 같은 책, 281.

74. 예를 들어 Bruno Latour, *War of the Worlds: What About Peace?* (Chicago: Prickly Paradigm Press, 2002), 36-38에서의 논의 참조.

75. A. Dirk Moses, "Raphael Lemkin, Culture, and the Concept of Genocide," in *The Oxford Handbook of Genocide Studies*, ed. Donald Bloxham & A. Dirk Moses (New York: Oxford University Press, 2012), 19-41 참조.

76. Danielle Celermajer, "Omnicide: Who is responsible for the greatest of all crimes?" *Religion and Ethics* (blog), Australian Broadcasting Corporation, January 3, 2020, https://www.abc.net.au/religion/danielle-celermajer-omnicide-gravest-of-all-crimes/11838534. '옴니사이드'라는 말을 만든 이는 1983년 '핵전쟁에 의한 모든 생물의 살육을 방지하기 위한 국제적 철학자들'을 설립한 미국 철학자 존 서머빌(John Sommerville, 1905~1994)이다. https://users.drew.edu/~jlenz/brs-obit-somerville.html. 2022년 9월 12일에 접속.
77. Celermajer, "Omnicide."
78. 같은 곳.

2 인간을 포함한 사물들의 역사성

1. Charles S. Maier, "Consigning the Twentieth Century to History: Alternative Narratives for the Modern Era," *American Historical Review* 105, no. 3 (2000년 6월), 807-31.
2. Maier, "Consigning the Twentieth Century," 812.
3. Reinhart Koselleck, "History, Histories, and Formal Structures of Time," in ders., *Futures Past: On the Semantics of Historical Time*, trans. Keith Tribe (Cambridge, MA: MIT Press, 1985), 102.
4. Maier, "Consigning the Twentieth Century," 811(강조는 인용자).
5. 이 절의 처음 몇 단락은 내 글 "The Muddle of Modernity," *American Historical Review* 116, no. 3 (June 2011): 663-75에 의거한다.

6. Kathleen Davis, *Periodization and Sovereignty: How Ideas of Feudalism and Secularization Govern the Politics of Time* (Philadelphia: University of Pennsylvania Press, 2008). 이 프로젝트는 Kathleen Davis & Nadia Altschul, eds., *Medievalisms in the Postcolonial World: The Idea of "The Middle Age" Outside Europe* (Baltimore: Johns Hopkins University Press, 2009)에서 추진되었다. 나는 개인적으로 이 책에 실린 내 글 "Historicism and Its Supplements: Notes on A Predicament Shared by Medieval and Postcolonial Studies"(109-19)로 조심스럽게 이 논쟁에 참여했다.
7. Barun De, "The Colonial Context of the Bengal Renaissance," in *Indian Society and the Beginnings of Modernisation*, ed. C. H. Philips & Mary Doreen Wainwright (London: School of Oriental and African Studies, 1976), 124-25. 또한 나의 *Habitations of Modernity: Essays in the Wake of Subaltern Studies* (Chicago: University of Chicago Press, 2002)의 2장("Subaltern Histories and Post-Enlightenment Rationalism") 에서의 논의도 참조.
8. Dipesh Chakrabarty, *Provincializing Europe: Postcolonial Thought and Historical Difference* (2000; 개정판, Princeton: Princeton University Press, 2007), 8. 이러한 움직임은 잘 알려진 것처럼 요하네스 파비안(Johannes Fabian)이 자신의 유명한 저서에서 지적했듯이 유럽의 식민지 개척자들이 식민지의 "공생"을 부정함으로써 타민족에 대한 지배를 정당화한 방식을 연상시킨다, Johannes Fabian, *Time and the Other: How Anthropology Makes Its Object* (New York: Columbia University Press, 1983).

9. Shmuel N. Eisenstadt & Wolfgang Schlucter, "Introduction: Paths to Early Modernities—A Comparative View," *Daedalus* 127, no. 3 (Summer 1998), 2. 같은 호에 실린 글 Sanjay Subrahmanyam, "Hearing Voices: Vignettes of Early Modernity in South Asia, 1400-1750"은 아이젠슈타트 자신이 그의 책 *Modernization, Protest and Change* (1966)에서 "수렴" 견해를 제시했다고 지적한다(99).
10. 여기서 내 생각은 주로 비서구, 특히 아시아 역사에 관계된다. 물론 이러한 학문적 수정주의는 근대화 이념이 대학 바깥의 고위 정치 세계에서 명성을 잃었다는 것을 의미하지 않는다. 많은 사람이 기억하듯 지난 수십 년간 중국의 자본주의 실험은 '4대 근대화'라는 기치 아래 시작되었다. 이 이념은 아시아의 많은 사회과학 저술에서 살아 숨쉬고 있다(다른 곳에서도 마찬가지라고 생각한다). 예를 들어 Yoshiie Yoda, *The Foundations of Japan's Modernization: A Comparison with China's Path Towards Modernization*, trans. Kurt W. Radtke (Leiden: Brill Academic Publishers, 1995) 참조.
11. Kwame Anthony Appiah, *In My Father's House: Africa in the Philosophy of Culture* (New York: Oxford University Press, 1992), 144-45.
12. 예를 들어 Dilip Parameshwar Gaonkar, "On Alternative Modernities," *Public Culture* 11, no. 1 (1999): 1-18; Charles Taylor, *Modern Social Imaginaries* (Durham, NC: Duke University Press, 2004); Sudipta Kaviraj, "An Outline of a Revisionist Theory of Modernity," *European Journal of Sociology* 46, no. 3 (2005): 497-526 참조.
13. Patrick Wolfe, "Structure and Event: Settler Colonialism, Time, and

the Question of Genocide," in *Empire, Colony, Genocide: Conquest, Occupation, and Subaltern Resistance in World History*, ed. A. Dirk Moses (New York: Berghahn Books, 2010), 110.

14. Subrahmanyam, "Hearing Voices," 99-100(강조는 저자).
15. John F Richards, "Early Modern India and World History," *Journal of World History* 8, no. 2 (1997): 197.
16. Richards, "Early Modern India," 198-206.
17. C. A. Bayly, *The Birth of the Modern World, 1780-1914* (Oxford: Blackwell, 2004), 11.
18. Jürgen Osterhammel, *The Transformation of the World: A Global History of the Nineteenth Century*, trans. Patrick Camiller (Princeton: Princeton University Press, 2014. 독일어 초판, 2009), 916-17.
19. *Rethinking Working-Class History: Bengal 1890-1940* (1989; 개정판, Princeton: Princeton University Press, 2000)에 붙인 나의 서문과 결론에서의 논의 참조. 또한 "Subaltern Studies, Post-Colonial Marxism, and 'Finding Your Place to Begin from': Interview with Dipesh Chakrabarty," in *Contemporary Political Theory: Dialogues with Political Theorists*, ed. Maria Dimova-Cookson, Gary Browning, Raia Prokhovnik (London: Palgrave Macmillan, 2012)도 참조.
20. 이매뉴얼 월러스타인은 Alexander Woodside, *Lost Modernities: China, Vietnam, Korea and the Hazards of World History* (Cambridge, MA: Harvard University Press, 2006), 18에서 인용했다.
21. 영화와 영화학(film studies)은 오랫동안 '근대적 삶'의 문제를 역사적 행위자의 시공간적 경험의 문제로 간주해왔다. Ben Singer, "Making

Sense of the Modernity Thesis," in *Melodrama and Modernity: Early Sensational Cinema and Its Context* (New York: Columbia University Press, 2001) 참조.

22. Daniel Carey & Lynn Festa, eds., *Postcolonial Enlightenment: Eighteenth Century Colonialism and Postcolonial Theory* (New York: Oxford University Press, 2009).

23. 이 점에 관한 문헌은 방대하지만, 독자들은 마이클 하트와 안토니오 네그리가 쓴 유명한 저서에서의 다중 개념이 스피노자 철학에 어느 정도 의존하는지 알고 있을 것이다. Michael Hardt & Antonio Negri, *Empire* (Cambridge, MA: Harvard University Press, 2000). 또한 Etienne Balibar, *Spinoza and Politics*, trans. Peter Snowden (London: Verso, 1998)과 Warren Montag, *Bodies, Masses, Power: Spinoza and His Contemporaries* (London: Verso, 1999)도 참조. 그 밖에 남아시아 역사에서 근대적 규율과 정치사상의 시작을 초기 근대로 거슬러올라가 추적한 연구는 아직 없으며, 이를테면 Gerhard Oestreich, *Neostoicism and the Early Modern State* (1982; 개정판, Cambridge: Cambridge University Press, 2008), Philip S. Gorski, *The Disciplinary Revolution: Calvinism and the Rise of the State in Early Modern Europe* (Chicago: University of Chicago Press, 2003), 또는 John Witte Jr., *The Reformation of Rights: Law, Religion, and Human Rights in Early Modern Calvinism* (Cambridge: Cambridge University Press, 2007)에 비견할 만한 것은 없다.

24. Hannah Arendt, "The Freedom to Be Free," *New England Review* 38, no. 2 (2017): 63. 이 자료는 나즈물 술탄(Nazmul Sultan)의 도움을

받았다.

25. 내 글 "Legacies of Bandung: Decolonization and the Politics of Culture," *Economic and Political Weekly* 40, no. 46 (2005): 4812-18 참조.

26. Aimé Césaire, *Discourse on Colonialism*, trans. Joan Pinkham (New York: Monthly Review, 1972. 프랑스 초판, 1955), 24-25(강조는 저자).

27. Frantz Fanon, *The Wretched of the Earth*, trans. Richard Philcox (New York: Grove Press, 2004. 프랑스어 초판, 1963), 237-38.

28. Maria Hsia Chang, "The Thought of Deng Xiaoping," *Communist and Post-Communist Studies* 29, no. 2 (1995): 380.

29. 내 책 《행성 시대 역사의 기후》 4장에서의 논의 참조.

30. 암베드카르의 이 말은 Mukul Sharma, *Caste and Nature: Dalits and Indian Environmental Politics* (New Delhi: Oxford University Press, 2017), 141에 인용되어 있다.

31. Bruno Latour & Dipesh Chakrabarty, "Conflicts of a Planetary Proportion: A Conversation," *Journal of Philosophy of History* 14, no. 3 (2020): 419-54 참조.

32. Rachel Carson, *Silent Spring* (Boston: Houghton Mifflin Co., 1962); Donella H. Meadows et al., *The Limits to Growth* (New York: Universe Books, 1972).

33. Bruno Latour, *We Have Never Been Modern*, trans. Catherine Porter (Cambridge, MA: Harvard University Press, 1993. 프랑스어 초판, 1991), 13.

34. Edward W. Said, *Orientalism* (New York: Pantheon Books, 1978); Ranajit Guha, ed., *Subaltern Studies: Writings on South Asian*

History and Society (New Delhi: Oxford University Press, 1982-89); Partha Chatterjee, *Nationalist Thought and the Colonial World: A Derivative Discourse?* (London: Zed Books for the United Nations University, 1986); Gayatri Chakravorty Spivak, "Can the Subaltern Speak?," in *Marxism and the Interpretation of Culture*, ed. Cary Nelson & Lawrence Grossberg, (Urbana: University of Illinois Press, 1988), 271-315; Homi K. Bhabha, *The Location of Culture* (London: Routledge, 1994); Arjun Appadurai, *Modernity at Large: Cultural Dimensions of Globalization* (Minneapolis: University of Minnesota Press, 1996).

35. Dipesh Chakrabarty, "The Climate of History: Four Theses," *Critical Inquiry* 35, no. 2 (Winter 2009): 197-222.

36. Jacques Derrida, *Rogues: Two Essays on Reason*, trans. Pascal-Anne Brault & Michael Naas (Stanford: Stanford University Press, 2005) 참조.

37. 이 위기에 대한 이전의 통찰력 있는 진술은 Zoltan Boldizsar Simon, "(The Impossibility of) Acting Upon a Story We Can Believe," *Rethinking History* 22, no. 1 (2018): 105-25 참조. 표준적 역사철학에 관한 라투르의 진술은 Bruno Latour & Dipesh Chakrabarty, "Conflicts of Planetary Proportions," *Journal of Philosophy of History* 14, no. 3 (2020) 참조.

38. Reinhart Koselleck, *Futures Past: On the Semantics of Historical Time,* trans. Keith Tribe (1979; 개정판, Cambridge, MA: MIT Press, 1985), 28 참조.

39. Niccolo Machiavelli, *Discourses on Livy*, trans. Ninan Hill Thomson (1883; 개정판, New York: Dover, 2007), 245-46.
40. Edward Gibbon, *The Decline and Fall of the Roman Empire* (New York: Modern Library, n.d.), 1:186.
41. Gibbon, *Decline and Fall*, 1:191. 또한 1:198도 참조.
42. Gibbon, *Decline and Fall*, 1:194-96과 1:202, n.71 참조. "Tacit. Germ. c 3 …… 그리스인과 게르만인이 같은 민족이었을 개연성은 거의 없다. 만약 우리의 고대 애호가들이 비슷한 상황에서는 자연스럽게 비슷한 태도가 만들어질 것이라는 점을 겸손하게 성찰한다면 사소한 것들을 많이 학습하지 않아도 될 것이다." 또한 Arnaldo Momigliano, "Ancient History and the Antiquarian," *Journal of the Warburg and Courtauld Institute* 13, nos. 3-4 (1950): 285-315도 참조.
43. J. G. A. Pocock, *Barbarism and Religion*, vol. 2, *Narratives of Civil Government* (Cambridge: Cambridge University Press, 2001), 18.
44. 같은 곳.
45. 같은 책, 2:107. 또한 Karl Löwith, *Meaning in History* (Chicago: University of Chicago Press, 1949), 104-14; R. G. Collingwood, *The Idea of History*, ed. Jan van der Dussen, rev. ed. (1946; 개정판, Oxford: Oxford University Press, 2005, 1994), 76-78, 352에서 볼테르에 관한 논의도 참조.
46. Henning Truper, Dipesh Chakrabarty & Sanjay Subrahmanyam, "Teleology and History: Nineteenth-Century Fortunes of an Enlightenment Project," in *Historical Teleologies in the Modern World*, ed. Henning Truper, Dipesh Chakrabarty & Sanjay Subrahmanyam

(London: Bloomsbury, 2015), 3-24에서의 논의 참조.

47. Peter Wagner, "Autonomy in History: Teleology in Nineteenth-Century European Social and Political Thought," in Truper, Chakrabarty, & Subrahmanyam, *Historical Teleologies*, 324-38.

48. '역사철학'의 범주 아래 모은 20세기 텍스트 선집은 Hans Meyerhoff, ed., *The Philosophy of History of Our Time: An Anthology* (New York: Doubleday, 1959) 참조. 또한 Karl Löwith, *From Hegel to Nietzsche: The Revolution in Nineteenth-Century Thought,* trans. David E. Green (1964; 개정판, New York: Columbia University Press, 1991)도 참조. 이 행성과 그 기후에 대해 사물 같은 영향력을 행사하는 인간에 대해서는 David Archer, *The Long Thaw: How Humans Are Changing the Next 100,000 Years of Earth's Climate* (Princeton: Princeton University Press, 2009) 참조.

49. Benedetto Croce, "History and Chronicle," in *History: Its Theory and Practice*, trans. Douglas Ainslie (New York: Russell and Russell, 1960. 독일어 초판, 1915), 11-26. E. H. Carr, *What Is History?* (1961; 개정판, Harmondsworth, UK: Penguin, 1970), 21에서의 논의 참조. 카는 자신의 논의를 크로체의 *History as the Story of Liberty* (New York: Meridian Books, 1955)에 근거짓고 있다.

50. Fabien Locher & Jean-Baptiste Fressoz, "Modernity's Frail Climate: A Climate History of Environmental Reflexivity," *Critical Inquiry* 38, no. 3 (Spring 2012): 579-98.

51. Croce, "The 'History of Nature' and History," in *History: Its Theory and Practice*, 128, 133-34.

52. 같은 책, 134.

53. 같은 책, 134-35(강조는 저자).

54. 같은 책, 128.

55. Croce, "Nature as History, Not as History Written by Us," in *History as the Story of Liberty*, 290.

56. J. B. S. Haldane, *Everything Has a History* (London: George Allen and Unwin, 1951) 서문.

57. Haldane, *Everything*, 11.

58. R. G. Collingwood, *The Idea of History*; R. G. Collingwood, *The Principles of History and Other Writings in Philosophy of History*, ed. and introduced by W. H. Dray & W. J. van der Dussen (1999; 개정판, Oxford: Oxford University Press, 2003).

59. James Connelly, Peter Johnson & Stephen Leach, eds., *R. G. Collingwood: A Research Companion* (2009; 개정판, London: Bloomsbury Academic, 2015), 83; Clarendon Press에 보낸 콜링우드의 편지, 9 October 1934, Ref: Clar 46, LB7274에서 J. 〔B〕. S. Haldane, *The Philosophy of a Biologist* (Oxford: Clarendon Press, 1935)에 대한 자제하는 논평들 참조. 이로 미루어 나는 콜링우드가 출판사를 통해 홀데인의 책 초고를 읽지 않았을까 생각한다.

60. Collingwood, *The Idea of History*, 210-11. S. Alexander, "The Historicity of Things," in *Philosophy and History: Essays Presented to Ernst Cassirer*, ed. Raymond Klibansky & H. J. Paton (Oxford: Clarendon Press, 1936), 11-26.

61. Alexander, "Historicity," 12, 15, 16, 21-2.

62. Collingwood, *The Principles,* 56.

63. 같은 책, 61.

64. Collingwood, *The Idea*, 212.

65. 같은 책, 216.

66. 근대 도시화가 마이크로바이옴에, 그리고 "부분적으로는 인간이 함께 진화해온 미생물에 대한 노출이 감소한 데 기인하는" 인간의 신체적·정신적 안녕에 미치는 영향에 관한 연구는 예를 들어 C. E. Stamper et al., "The Microbiome of the Built Environment and Human Behavior: Implications for Emotional Health and Well-Being in Postmodern Western Societies," *International Review of Neurobiology* 131 (2016): 289-323 참조.

67. Bruno Latour & Peter Weibel, "Disorientation," in *Critical Zones: The Science and Politics of Landing on Earth*, ed. Bruno Latour & Peter Weibel (Cambridge, MA: MIT Press, 2020), 23. 아르토그도 인류세가 혼란스럽지만, 그 혼란스러운 성질은 단순히 인류세가 그리스도교적 시간과 같지 않다는 사실에서 발생하는 것은 아니라는 데 동의한다. 그 차이가 중요하다고 할지라도 말이다. 아르토그의 *Chronos: The West Confronts Time*, trans. S. R. Gilbert (New York: Columbia University Press, 2022; 2020), 226-37 참조.

68. François Hartog, "*Chronos, Kairos,* and the Genesis of Western Time," in "The Eighth *History and Theory* Lecture," *History and Theory* 60, no. 3 (September 2021): 437-38.

69. Benjamin Bratton, "Geoengineering a Rare Earth (for Rare-Earths)," in *The Planet After Geoengineering*, ed. Rania Ghosn et al., (New

York: Actar Publishers, 2021), 15.

3 현재와 함께 머무르기

1. Faisal Devji, "Losing the Present to History," *Modern Intellectual History* (2022): 1-9, https://doi.org/10.1017/S1479244322000117/.
2. Devji, "Losing the Present to History," 1 참조. "현재 역사의 신봉자들은 그들 나름대로 누군가에게 악의 책임을 묻기 위해서라도 현대 권력의 계보나 기록을 작성함으로써 자기 직업에서의 가장 오래된 역할을 떠맡는다."
3. Anders Dunkar, ed., *The Rediscovery of the Earth: 10 Conversations About the Future of Nature* (New York: OR Books, 2020), 16에서의 앤더스 던카와 브뤼노 라투르의 대화(강조는 인용자).
4. François Hartog, *Chronos: l'Occident aux prises avec le Temps* (Paris: Gallimard, 2020), 311-25.
5. Michael Warner, *On the Grid: Climate Change and the Utopia of Green Energy* (New York: Oxford University Press, 출간 예정).
6. Mark Williams & Jan Zalasiewicz, *The Cosmic Oasis: The Remarkable Story of Earth's Biosphere* (Oxford: Oxford University Press, 2022), 138.
7. Pascal Richet, *A Natural History of Time*, trans. John Venerella (1999; 개정판, Chicago: University of Chicago Press, 2010), 12장에서의 논의 참조.
8. Steven Pinker, *Enlightenment Now: The Case for Reason, Science,*

Humanism, Progress (New York: Viking, 2018); J. R. McNeill & Peter Engelke, *The Great Acceleration: An Environmental History of the Anthropocene since 1945* (Cambridge, MA: Harvard University Press, 2014).

9. Pinker, *Enlightenment Now*, 39-40.
10. 같은 책, 397.
11. Immanuel Kant, *The Conflict of Faculties*, trans. and introduced by Mary J. Gregor (1979; 개정판, Lincoln: University of Nebraska Press, 1992), 140-71. 이 책에서 이 특수한 부분은 루이스 벡(Lewis Beck)이 번역했다.
12. Steven Pinker, "Progress," part 2 in *Enlightenment Now*.
13. McNeill & Engelke, *The Great Acceleration,* 41.
14. Jan Zalasiewicz, "The Human Dimension in Geological Time," in *Welcome to the Anthropocene: The Earth in Our Hands*, ed. Nina Mollers et al. (Munich: Deutsches Museum and Rachel Carson Center, 2014), 17.
15. Williams & Zalasiewicz, *The Cosmic Oasis*, 138.
16. Pinker, *Enlightenment Now*, 39.
17. 같은 책, 142(강조는 인용자).
18. Walter Benjamin, "Franz Kafka: On the Tenth Anniversary of His Death," in *Illuminations*, ed. and intro. Hannah Arendt, trans. Harry Zohn (1973; 개정판, London: Fontana/Collins, 1982), 133. 이 기묘한 작은 존재는 1919년 《시골 의사(Ein Landarzt)》에 실려 처음 출판된 짧은 이야기 〈가장의 염려(Die Sorge des Hausvaters)〉에 등장한다.

19. Pinker, *Enlightenment Now*, 53: "긴 삶은 궁극적 축복이다." 기후 공학에 대한 핑커의 논의는 같은 책, 153-4 참조.
20. Pinker, *Enlightenment Now*, 154-55(강조는 인용자).
21. 같은 책, 153.
22. Williams & Zalasiewicz, *The Cosmic Oasis*, 151.
23. Christine Winter, "Introduction: What's the Value of Multispecies Justice?," *Environmental Politics* 31, no. 2 (2022): 255, 256.
24. Frédéric Neyrat, *The Unconstructable Earth: An Ecology of Separable* (New York: Fordham University Press, 2019), 15.
25. Williams & Zalasiewicz, *The Cosmic Oasis*, 154.
26. 같은 책, 116. 또한 148, 149도 참조.
27. 같은 책, 141-42.
28. Gianmaria Colpani, Jamila M. H. Mascat, & Katrine Smiet, "Postcolonial Responses to Decolonial Interventions," *Postcolonial Studies* 25, no. 1 (2022): 3. 또한 같은 호의 Gianmaria Colpani, "Crossfire: Postcolonial Theory between Marxist and Decolonial Critiques," 54-72도 참조.
29. Deborah Danowski & Eduardo Viveiros de Castro, *The Ends of the World*, trans. Rodrigo Nunes (Cambridge: Polity, 2017. 포르투갈어 초판, 2014).
30. Dipesh Chakrabarty, *The Climate of History in a Planetary Age* (Chicago: University of Chicago Press, 2021), 1장 참조.
31. Danowski & de Castro, *Ends of the World*, 90(강조는 인용자).
32. 같은 곳.

33. Eduardo Viveiros de Castro, *Cannibal Metaphysics*, ed. and trans. Peter Skafish (Minneapolis: Univocal Publishing, 2014; 프랑스어 초판, 2009).

34. 같은 책, 48(강조는 인용자). 또한 40도 참조. "인간학은 사상의 영구적 탈식민화 이론/실천이라는 자기의 새로운 사명을 온전히 감당할 준비가 되어 있다."

35. Danowski & de Castro, *Ends of the World*, 90. '관점주의'와 '다자연주의'에 대한 해명은 de Castro, *Cannibal Metaphysics*, 2장과 3장 참조.

36. De Castro, *Cannibal Metaphysics*, 97.

37. De Castro, *Cannibal Metaphysics*, 108; Bruno Latour, *We Have Never Been Modern*, trans. Catherine Porter (Cambridge, MA: Harvard University Press, 1993; 프랑스어 초판, 1991). 개인적 대화에서 라투르는 내게 자신의 사유에 대한 들뢰즈의 영향을 언급했다.

38. De Castro, *Cannibal Metaphysics*, 108-9.

39. 같은 책, 110.

40. Gilles Deleuze & Felix Guattari, *Anti-Oedipus: Capitalism and Schizophrenia*, trans. Robert Hurley, Mark Seem & Helen Lane (Minneapolis: University of Minnesota Press, 1983; 프랑스어 초판, 1972), 3장, 139-53, 217-22 참조.

41. De Castro, *Cannibal Metaphysics*, 109.

42. 같은 책, 109 n. 64.

43. Michel Foucault, "Preface," to Deleuze & Guattari, *Anti-Oedipus*, xiii.

44. Deleuze & Guattari, *Anti-Oedipus*, 139.

45. 같은 책, 195.

46. 같은 책, 140.

47. 여기서는 Friedrich Engels, *The Origin of the Family* (New York: International Publishers, 1942)를 참조하고 있다.

48. Deleuze & Guattari, *Anti-Oedipus*, 145-46.

49. Gilles Deleuze & Felix Guattari, *A Thousand Plateaus: Capitalism and Schizophrenia*, trans. Brian Massumi (1987; 개정판. Minneapolis: University of Minnesota Press, 1991; 프랑스어 초판, 1980).

50. Deleuze & Guattari, *A Thousand Plateaus*, 357.

51. 같은 책, 359.

52. 같은 책, 360.

53. 같은 곳.

54. Bruno Latour, *Facing Gaia: Eight Lectures on the New Climatic Regime*, trans. Catherine Porter (Cambridge: Polity, 2017; 프랑스어 초판, 2015).

55. Latour, *Facing Gaia*, 251.

56. Danowski & de Castro, *Ends of the World*, 92-93(강조는 인용자).

57. 같은 책, 91.

58. 같은 책, 96.

59. 같은 책, 91.

60. 같은 곳.

61. 같은 책, 90.

62. 같은 책, 94-95.

63. 같은 책, 95(강조는 인용자).

64. 여기서 나는 부끄럽게도 최근에야 접한 다니엘 셀러마이어, 크리스틴 윈터, 제러미 벤디크키머, 줄리아 깁슨(Julia Gibson) 등의 연구를 언급하고자 한다.

65. 지 카스트루의 영구적 탈식민화에 대해서는 앞의 주 34 참조. B. R. Ambedkar, *The Annihilation of Caste* (Jalandhar: Bheem Patrika Publications, n.d.), 92, 129, 131. 또한 이 책 2장에서의 논의도 참조.

66. 정착민-식민 통치의 집단학살 논리는 Patrick Wolfe, *Traces of History: Elementary Structures of Race* (London: Verso, 2016) 참조.

67. 미셸 푸코는 Naoki Sakai, *The End of Pax Americana: The Loss of Empire and Hikikomori Nationalism* (Durham, NC: Duke University Press, 2022), 177에서 인용했다.

68. Danowski & de Castro, *Ends of the World*, 95.

69. Jonathan Lear, *Radical Hope: Ethics in the Face of Cultural Devastation* (2006; 개정판, Cambridge, MA: Harvard University Press, 2008), 3장 참조.

70. Anna Lowenhaupt Tsing, *The Mushroom at the End of the World: On the Possibility of Life in Capitalist Ruins* (Princeton: Princeton University Press, 2015), 305, n.12.

71. Eric Dean Wilson, *After Cooling: On Freon, Global Warming, and the Terrible Cost of Comfort* (New York: Simon and Schuster, 2021).

72. Wilson, *After Cooling*, 338.

73. 같은 책, 336.

74. 같은 책, 336-37(강조는 인용자).

75. 같은 책, 338(강조는 인용자).

76. Sunita Narain & Anil Agarwal, *Global Warming in an Unequal World: A Case of Environmental Colonialism* (New Delhi: Centre for Science and Environment, 1991).

77. Wilson, *After Cooling*, 17; Kathryn Yusoff, *A Billion Black Anthropocenes or None* (Minneapolis: University of Minnesota Press, 2018).

78. Wilson, *After Cooling*, 17.

79. 같은 책, 17; Yusoff, *Black Anthropocenes*, 서문, xiii(강조는 인용자).

80. Jacques Derrida, "Force of Law: The 'Mystical Foundation of Authority,'" in *Deconstruction and the Possibility of Justice*, ed. Drucilla Cornell, Michel Rosenfeld, David Gray Carlson (London: Routledge, 1992), 4.

81. Adom Getachew, *Worldmaking After Empire: The Rise and Fall of Self-Determination* (Princeton: Princeton University Press, 2019); Ashis Nandy, *The Intimate Enemy: Loss and Recovery of Self after Colonialism* (New Delhi: Oxford University Press, 1983); Dipesh Chakrabarty, *The Crises of Civilization: Exploring Global and Planetary Histories* (New Delhi: Oxford University Press, 2018) 참조.

82. Yusoff, *Black Anthropocenes*, 21(강조는 저자).

83. Zoe Todd, "An Indigenous Feminist's Take on the Ontological Turn: 'Ontology' is Just Another Word for Colonialism," *Journal of Historical Sociology* 29, no. 1(2016년 3월): 14.

84. Winter, "Value of Multispecies Justice," 255.

85. Ajantha Subramaniam & Paula Chakravarti, "Why is Caste Inequality Still Legal in America?," *New York Times*, May 25, 2021에서의 논의

참조. www.nytimes.com/2021/05/25/opinion/caste-discrimination-us-federal-protection.html.

86. Williams & Zalasiewicz, *The Cosmic Oasis*.

87. Tsing, *The Mushroom*, vii.

88. Seth Epstein, "Rights of Nature, Human Species Identity, and Political Thought in the Anthropocene," *The Anthropocene Review* (2022년 5월 2일): https://doi.org/10.1177/20530196221078929에서의 논의 참조.

89. Aase J. Kvanneid, "Climate Change, Gender, and Rural Development: Making Sense of Coping Strategies in the Shivalik Hills," *Contributions to Indian Sociology* 55, no. 3 (2021): 407.

90. Bruno Latour & Dipesh Chakrabarty, "Conflicts of Planetary Proportions," *Journal of Philosophy of History* 14, no. 3 (2020); Christophe Bonneuil, "Der Historiker und der Planet—Planetaritätsregimes an der Schnittstelle von Welt-Ökologien, ökologischen Reflexivitäten und Geo-Mächten," in *Gessellschaftstheorie im Anthropozän*, ed. Frank Adloff & Sighard Neckel (Frankfurt: Campus Verlag, 2020), 55-94 참조.

91. Bonneuil, "Der Historiker," 73-4.

92. Christian Schwägerl, "'We Aren't Doomed': An Interview with Paul Crutzen," in Möllers, *Welcome to the Anthropocene*, 36.

93. 나는 특별히 인도 고식물학자 비르발 사흐니(Birbal Sahni, 1891~1949)를 생각하고 있다. '아시아' 고식물학을 탐구하는 그와 중국 과학자 쉬런(徐仁, 1910~1992)의 협력에 대해서는 Arunabh Ghosh, "Trans-Himalayan Science in Mid-Twentieth Century China and India: Birbal Sahni, Hsü

Jen, and a Pan-Asian Paleobotany," *International Journal of Asian Studies* 19, no. 3(2021년 5월): 1-23, https://doi:10.1017/S1479591421000292 참조. 또한 Ashok Sahni, "Birbal Sahni and His Father Ruchiram Sahni: Science in Punjab Emerging from the Shadows of the Raj," *Indian Journal of History of Science* 54, no. 3 (2018): T160-T166, https://doi 10.16943/ijhs/2018/v53i4/49539/도 참조. 식민주의 지식에 대한 콘의 명민한 비판은 Bernard S. Cohn, *Colonialism and Its Forms of Knowledge* (Princeton: Princeton University Press, 1996) 참조.

94. 랑케(Ranke)에게서 영감을 받은 한 인도 역사가의 경우는 내 책 *The Calling of History: Sir Jadunath Sarkar and His Empire of Truth* (Chicago: University of Chicago Press, 2015) 참조.

95. Homi Bhabha, *The Location of Culture* (London: Routledge, 1994)에서 '모방'에 대한 호미 바바의 논의는 여기서도 여전히 적절하다.

96. Achille Mbembe, "Proximity without Reciprocity," in *Out of the Dark Night: Essays on Decolonization* (New York: Columbia University Press, 2021), 101. "전 지구적 규모에서, 특히 차이를 공유하게 하는 행위에서 형성되는 …… 일종의 '우리'가 있다."

97. Tsing, *The Mushroom*, 158-59.

98. Robin Wall Kimmerer, *Braiding Sweetgrass: Indigenous Wisdom, Scientific Knowledge, and the Teaching of Plants* (Minneapolis: Milkweed Editions, 2013).

99. Kimmerer, *Braiding Sweetgrass,* 48.

100. 같은 책, 48-49.

101. 같은 책, 49.

102. 같은 곳.

103. Homi K. Bhabha, *The Location of Culture* (London: Routledge, 1994)의 서론, 13.

104. Karl Marx, *Economic and Philosophical Manuscripts of 1844*, trans. unknown (1932; 개정판. Moscow: Progress Publishers, 1958); M. K. Gandhi, *Hind Swaraj* (1909) in Gandhi, *Hind Swaraj and Other Writings*, ed. Anthony Parel (Cambridge: Cambridge University Press, 2009).